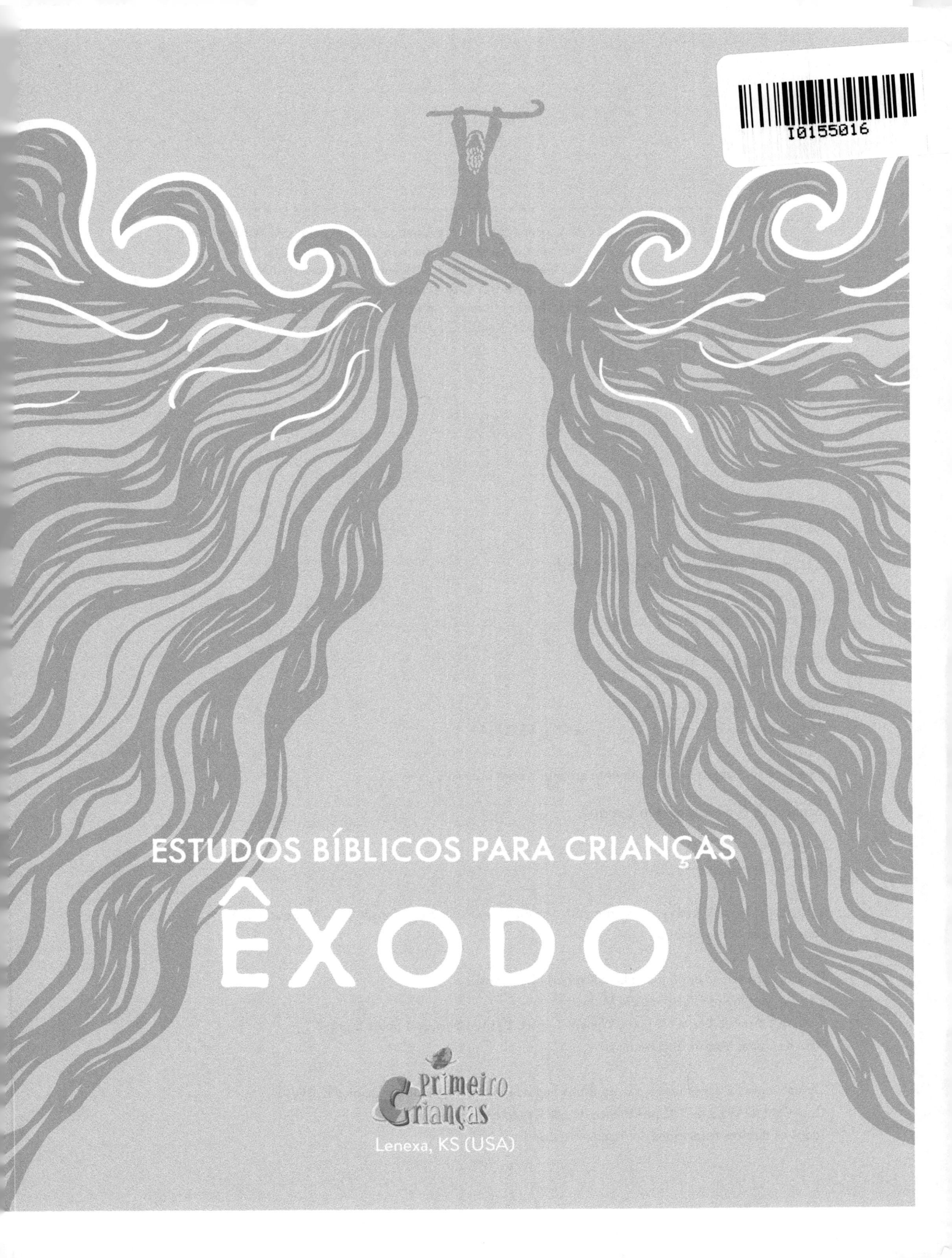

ESTUDOS BÍBLICOS PARA CRIANÇAS

ÊXODO

Primeiro
Crianças

Lenexa, KS (USA)

O primeiro evento de Gincana Bíblica para Crianças, criado pelo Rev. William Young, foi apresentado com uma demonstração da Convenção Geral da Sociedade de Jovens Nazarenos de 1968 em Kansas City, Missouri (EUA). Três Igrejas do Nazareno enviaram equipes para a demonstração: Kansas City First, Kansas City St. Paul's e Overland Park.

Estudos Bíblicos para Crianças: Êxodo

Copyright © 2020
The Foundry Publishing

REVISADO 2020-11-16

ISBN 978-1-56344-946-8
Publicado por KidzFirst Publications, Lenexa, KS (USA)

Este livro foi publicado originalmente em inglês com o título

Children's Bible Studies in Exodus

Copyright © 2020
The Foundry Publishing

Editora para versão em Inglês EUA: Kimberly D. Crenshaw
Editora para Inglês Global: Leslie M. Hart
Comitê Editorial: Leslie M. Hart, William J. Hart, Kathy Lewis, and Scott Stargel
Arte da Capa: Megan Goodwin

ÍNDICE

BOAS VINDAS E VISÃO GERAL

Bem-vindo à série Estudos Bíblicos para Crianças que celebra um discipulado genuíno através da Palavra transformadora de Deus!

Esses estudos ajudam as crianças, das idades de 6 a 12, a ganharem um entendimento prático da Bíblia. Através dessa série, as crianças veem a história de Deus através das vidas de pessoas reais e eventos históricos. Elas veem o amor de Deus revelado através de palavras, ações e milagres. Elas aprendem como Deus trabalha através de pessoas comuns e elas descobrem seu lugar no plano de Deus para redimir o mundo.

Cada lição inclui o contexto bíblico, o conteúdo e atividades de revisão. Além disso, a lição fornece ao professor perguntas para discussão e revisão. As perguntas do nível vermelho e azul preparam as crianças para participarem de um evento opcional de Gincana Bíblica.

RESUMO DA SÉRIE ESTUDOS BÍBLICOS PARA CRIANÇAS

Gênesis

Esse estudo oferece a fundação para a série inteira. Ele descreve o relacionamento de Deus com toda a criação e seu desejo de estabelecer um povo para adorá-lo. O estudo explica como Deus criou o mundo do nada, formou o homem e a mulher, e criou um lindo jardim para ser seu lar. Ele revela como o mal, o pecado e a vergonha entraram no mundo e as consequências das más escolhas. Gênesis apresenta o plano de Deus para reconciliar o relacionamento quebrado que é causado pelo pecado. Ele apresenta Adão, Eva, Noé, Abraão, Isaque e Jacó. Ele fala da aliança que Deus fez com Abraão e como Jacó ficou conhecido como Israel. Gênesis conta a história de José que salva os egípcios da fome. Ele termina com a mudança do povo israelita para o Egito para escapar da fome.

Êxodo

Êxodo explica como Deus continuou a manter a sua promessa a Abraão. Ele descreve como o faraó escravizou os israelitas. Ele revela como Deus usou Moisés para resgatar os israelitas da escravidão. Em Êxodo, Deus estabelece sua autoridade sobre os israelitas. Ele os liderou através do sacerdócio, do tabernáculo, dos Dez Mandamentos e outras leis. Deus prepara os israelitas para ser seu povo e entrar na Terra Prometida. No final de Êxodo, somente uma parte da aliança do Senhor com Abraão está completa.

Josué, Juízes & Rute

Este estudo explica como Deus completou sua aliança com Abraão. Quando Moisés estava no final de sua vida, Deus escolheu Josué para liderar os israelitas. Josué liderou as 12 tribos de Israel para conquistar a Terra Prometida e viver nela. Depois da morte de Josué, os israelitas tiveram dificuldades para obedecer a Deus. Eles obedeciam e desobedeciam, e depois sofriam as consequências da desobediência. Enquanto as pessoas estavam sofrendo por suas escolhas infiéis, Deus chamou os juízes para liderar os israelitas para obedecerem fielmente ao Senhor. Este estudo enfatiza os juízes: Débora, Gideão e Sansão. A história de Rute acontece durante este tempo de sofrimento. Rute, Noemi e Boaz mostram o amor e a compaixão de Deus no meio de circunstâncias difíceis. Deus abençoa a fidelidade deles e redime suas circusntâncias. Rute torna-se a bisavó do rei Davi.

1 & 2 Samuel

O estudo de 1 e 2 Samuel começa com a vida e ministério do último juiz de Israel: Samuel. Samuel seguiu a Deus enquanto liderava Israel. Os israelitas exigiram um rei como as outras nações ao redor deles. Com a direção do Senhor, Samuel unge Saul como o primeiro rei de Israel. Saul começa a reinar bem, mas ele abandona a Deus. Por causa disso, Davi é escolhido e ungido como o próximo rei de Israel. Davi confia em Deus para ajudá-lo nas coisas impossíveis. Davi é dedicado a Deus. Mas Davi é tentado e escolhe pecar. Diferente de Saul, Davi lamenta por causa de seu pecado. Ele pede para Deus perdoá-lo. Deus restaura seu relacionamento com Davi, mas as consequências do pecado permanecem com Davi, sua família e a nação de Israel. Mesmo em meio a essas turbulências, a presença de Deus continua constante. O rei Davi prepara o caminho para um novo tipo de Rei — Jesus.

Mateus

Este estudo é o ponto principal de toda a série. Todos os livros anteriores da série apontaram para Jesus como o Filho de Deus e o Messias. Ele foca no nascimento, no ministério, na crucificação e na ressurreição de Jesus. Jesus inaugurou uma nova era. As crianças aprendem sobre isso em vários eventos: nos ensinos de Jesus, na mentoria de seus discípulos, sua morte, sua ressurreição. Jesus ensinava o que significava viver no reino do céu. Através de Jesus, Deus fornecia um novo caminho para todas as pessoas terem um relacionamento com Ele.

Atos

Atos registra o nascimento da igreja e seu crescimento, especialmente através do ministério de Pedro e Paulo. No início desse estudo, Jesus ascende aos céus e Deus envia o Espírito Santo para todos os crentes. As boas novas de salvação através de Jesus Cristo se espalharam para muitas partes do mundo. Os apóstolos pregaram o evangelho para os gentios e o trabalho missionário começou. A mensagem do amor de Deus transformou tanto os judeus quanto os gentios. Há uma ligação direta entre os esforços evangelísticos de Paulo e Pedro com as vidas das pessoas hoje.

CICLO DE SEIS ANOS PARA EVENTOS DE GINCANA BÍBLICA

O ciclo a seguir é incluído para aqueles que participam da opção de evento de Gincana Bíblica dos Estudos Bíblicos para Crianças.

O ciclo anual é baseado no ano escolar de cada país. O evento Mundial de Gincana Bíblica acontece a cada quatro anos em junho.

Gênesis (2020)

Êxodo (2021)*

Josué, Juízes e Rute (2022)

1 & 2 Samuel (2023)

Mateus (2024)

Atos (2025)*

*Este é o ano da Gincana Mundial.

PREPARAÇÃO DO PROFESSOR

É importante fazer uma preparação aprofundada de cada estudo. As crianças prestam mais atenção e entendem melhor o estudo se o professor prepara e apresenta bem o conteúdo. Se o professor se preparar bem, também apresentará bem a lição.

ELEMENTOS DA LIÇÃO

Cada lição tem os seguintes elementos.

Versículo para Memorizar: Cada lição inclui um texto bíblico para as crianças memorizarem. Esses versículos dão base para as "Verdades sobre Deus". As crianças conhecerão o Deus da Bíblia através de Sua Palavra.

Verdades sobre Deus: Essas verdades ajudam o professor a reconhecer e enfatizar como as ações de Deus revelam seu caráter e amor por todas as pessoas. O professor deve enfatizar as "Verdades sobre Deus" ao ensinar a lição.

Foco da Lição e Resumo: Esta parte destaca as principais ideias, eventos e textos que a lição cobre.

Contexto Bíblico: Esta parte fornece mais informação para o professor sobre a história bíblica. Ela ajudará o professor a entender melhor a passagem das Escrituras. A informação enriquece o conhecimento e as habilidades do professor.

Você Sabia?: Apresenta um fato interessante sobre o contexto da história.

Vocabulário: Essas palavras e definições ajudarão o professor a explicar o significado das palavras usadas na Bíblia.

Atividade para Contar a História: Esta parte sugere um método de contação de história para conectar as crianças com a história bíblica.

Lição Bíblica: Ela foca na leitura bíblica e nas perguntas para discussão. Ela ajudará as crianças a aplicarem a história em suas vidas.

Atividade para Memorizar o Versículo: Esta atividade ajuda as crianças a memorizarem o versículo para cada lição.

Atividades Complementares: Esta parte apresenta um jogo, um artesanato ou outra atividade para conectar as crianças com a lição. Essas atividades reforçam os pontos principais.

Atividade para crianças mais velhas: Essas atividades são desenvolvidas para envolver crianças mais velhas com o ponto principal.

Treinamento para Gincana Bíblica: Esta parte oferece perguntas para revisar a lição. As perguntas de revisão preparam as crianças para participarem de um evento opcional de Gincana Bíblica.

SEQUÊNCIA DE PREPARAÇÃO

Os passos a seguir são uma sequência de preparação recomendada para o professor.

PASSO 1: REVISÃO DA LIÇÃO

Você deve ler aprofundadamente a lição inteira. Dê atenção especial para o Versículo para Memorização, as Verdades sobre Deus, o Foco e Resumo da Lição e as Dicas de Ensino.

PASSO 2: PASSAGEM BÍBLICA E CONTEXTO BÍBLICO

Estude os versículos da Bíblia, o contexto bíblico e a parte de vocabulário.

PASSO 3: CONTAÇÃO DE HISTÓRIA

O texto em negrito em cada estudo sugere as palavras para você usar com as crianças.

Esta parte inclui um jogo ou outra atividade para preparar as crianças para a lição. Familiarize-se com a atividade, as instruções e os materiais. Prepare e traga os materiais necessários para a aula. Prepare a atividade antes das crianças chegarem.

PASSO 4: LIÇÃO BÍBLICA

Revise a lição e aprenda-a bem o suficiente para que você conte a história e as crianças entendam os pontos principais. Aprenda as definições das palavras do vocabulário. Quando uma palavra do vocabulário aparecer, pare e explique-a. Depois da história, faça as perguntas de discussão. Isso ajudará as crianças a entenderem e aplicarem a história em suas vidas.

PASSO 5: VERSÍCULO PARA MEMORIZAÇÃO

Memorize versículo antes de você ensinar para as crianças. A página 172 contém uma lista de versículos para memorização. As páginas 124-127 contêm atividades sugeridas para a memorização de versículos. Escolha uma atividade para ajudar as crianças a aprenderem o versículo para memorização. Prepare os materiais que você trará para a aula. Familiarize-se com a atividade e pratique a maneira pela qual você instruirá as crianças.

PASSO 6: ATIVIDADES COMPLEMENTARES

O propósito de toda atividade é conectar as crianças com a lição. Seja Criativo! Faça ajustes e substituições nos jogos e materiais para que eles se encaixem na sua cultura e contexto. As atividades complementares são opcionais. Elas melhoram o estudo das crianças se você escolher usá-las. Muitas dessas atividades exigem materiais, recursos e tempo adicionais. Familiarize-se com uma atividade antes de escolhê-la. Leia as instruções e prepare os materiais que você trará para a aula.

PASSO 7: PRATIQUE PARA GINCANA BÍBLICA

Um evento de Gincana Bíblica é uma parte opcional dos Estudos Bíblicos para Crianças. Se você escolher participar num evento de Gincana Bíblica, você deve planejar tempo suficiente para preparar as crianças para isso. Dois níveis de perguntas para praticar estão incluídos em cada estudo. O nível vermelho prepara as crianças para um evento básico de gincana bíblica. As perguntas são simples. Cada pergunta oferece três possibilidades de respostas. As perguntas do nível azul preparam as crianças para um evento de gincana bíblica mais avançado. As perguntas são mais desafiadoras e oferecem quatro possibilidades de resposta. Com a direção do professor, as crianças podem escolher seu nível de preferência para o evento de gincana bíblica, sendo vermelho ou azul. Baseado no número de crianças e nos recursos disponíveis, você pode oferecer somente o nível vermelho ou o nível azul.

Leia a passagem bíblica para as crianças antes de você fazer as perguntas para o treinamento.

PROGRAMAÇÃO SUGERIDA

Você deve planejar de uma a duas horas de aula. A seguir está uma programação sugerida para cada lição com as opções de 90 minutos e 2 horas. Você pode ajustar a programação como for necessário.

1½ hora	2 horas	
5 minutos		Você deve rever a lição da semana anterior com as crianças que chegarem mais cedo. Você também pode escolher começar com os versículos para memorização, história ou palavras do vocabulário da lição de hoje.
5 minutos	10 minutos	Atividade de abertura de contação de história
10 minutos	10 minutos	História bíblica
5 minutos	10 minutos	Revisão
10 minutos	15 minutos	Atividade opcional
10 minutos	15 minutos	Lição Bíblica
10 minutos	15 minutos	Atividade de memorização de versículo
	10 minutos	Atividade opcional
30 minutos	30 minutos	Treinamento para evento de Gincana Bíblica
5 minutos	5 minutos	Revisão dos pontos principais e oração

O QUE ACONTECEU?
Êxodo 1:1-22

VERSÍCULO PARA MEMORIZAR

Disse o Senhor: "De fato tenho visto a opressão sobre o meu povo no Egito, tenho escutado o seu clamor, por causa dos seus feitores, e sei quanto eles estão sofrendo."

Êxodo 3:7

VERDADES SOBRE DEUS

*Esta lição ensinará as seguintes verdades sobre Deus. O asterisco * indica a principal verdade que você deve ensinar às crianças.*

* ** Deus mostrou bondade ao seu povo em um tempo de angústia.

· Deus sempre cumpre as suas promessas.

· O cronograma de Deus é muitas vezes diferente do nosso cronograma.

FOCO DA LIÇÃO E RESUMO

Neste estudo, as crianças aprenderão que Deus cumpre as suas promessas e provê para o seu povo escolhido.

1. O fim do livro de Gênesis se conecta ao início do livro de Êxodo.

2. Êxodo cumpre uma parte da promessa que Deus fez a Abraão em Gênesis 15.

3. Deus estava profundamente preocupado com o sofrimento dos israelitas causado pelo faraó.

CONTEXTO BÍBLICO

Êxodo fala sobre obediência e desobediência, valorizando e desconsiderando a vida, submissão e egoísmo teimoso, perdão e amargura. Êxodo conta os detalhes da vida de Moisés, um poderoso servo de Deus e líder do povo israelita. Através de Moisés, Deus libertou os israelitas da escravidão no Egito, ajudou-os a se tornarem uma nação e os preparou para entrarem na Terra Prometida.

No final de Gênesis, vemos o contraste entre Israel e o Egito. Todos os filhos de Israel moravam no Egito. Eles adoraram a Deus e se tornaram uma família muito grande. Os egípcios pensavam que o seu rei, a quem chamavam de faraó, era um deus. Eles o adoravam. Eles também adoravam muitos outros deuses falsos e praticavam magia negra. O êxodo começa com um novo faraó. Este rei não conhecia José ou o seu Deus. Havia muitos israelitas vivendo no Egito. O faraó temia que eles se voltassem contra ele. Ele fez dos israelitas seus escravos. Ele os obrigou a trabalhar muito duro construindo cidades. Ele não os deixaria sair do Egito.

Gênesis termina com algumas perguntas sem respostas

- O que seria necessário para que os israelitas ficassem tão desconfortáveis ao ponto de quererem deixar ansiosamente o Egito?

- Como Deus tiraria os israelitas do Egito para a terra que Ele prometeu a Abraão quatrocentos anos antes?

Êxodo responde a essas perguntas. As crianças aprenderão que Deus é fiel. Deus se envolve. Deus trabalha para trazer pessoas para ele. O Deus do Êxodo é o Deus de hoje.

VOCÊ SABIA?

Os israelitas construíram as cidades de Pitom e Ramsés, chamadas cidades-armazéns, onde o faraó armazenava suprimentos para seus soldados.

VOCABULÁRIO

Palavras de Fé

Promessa significa prometer que você fará alguma coisa. Deus sempre faz o que Ele prometeu que iria fazer. Deus sempre cumpre as suas promessas.

Pessoas

Abraão foi o ancestral dos israelitas, que também eram conhecidos como os hebreus. Ele é o primeiro patriarca hebreu.

Isaque era filho de Abraão.

Jacó, também conhecido como **Israel**, era filho de Isaque e neto de Abraão.

Faraó era o título do rei do Egito.

Sifrá e **Puá** eram parteiras hebreias.

Hebreus e **israelitas** são dois termos que são usados para os descendentes de Jacó, também conhecido como Israel.

Lugares

O **Egito** é um país localizado no nordeste da África. Na época do Êxodo, o Egito era uma nação poderosa.

Gósen era uma área no nordeste do Egito, onde os hebreus viviam.

O **rio Nilo** é o maior rio do Egito.

Termos

Os **descendentes** são os filhos, netos, bisnetos de uma pessoa e todas as gerações que nasceram dela.

As **parteiras** são mulheres que ajudam outras mulheres a dar à luz a bebês.

📖 ATIVIDADE PARA CONTAR A HISTÓRIA

Toda semana você usará os dois primeiros itens.

1. A mala de viagem da lição 1

2. O contêiner de armazenamento (saco, cesto ou caixa). Armazene os itens das lições anteriores neste contêiner cada semana.

3. Os itens para a história de hoje

- Doze itens semelhantes, como lápis de cera, bolinhas de gude ou pedrinhas que são pequenas o suficiente para caber na sua mala de viagem

- Um tijolo

- Uma boneca

Antes da aula

- Leia Êxodo 1:1-22

- Reúna os itens para a história de hoje. Substitua uma imagem por qualquer item não disponível.

- Coloque os itens da história de hoje dentro da mala de viagem. Coloque a mala de viagem na área onde a história será contada.

Atividade de Abertura: Siga o Líder

Diga às crianças para formarem uma fila, uma atrás da outra. Escolha uma criança para ser o líder. Diga às crianças que elas devem observar o líder e imitar tudo o que o líder fizer. O líder lidera o grupo pela sala. Ele ou ela usa gestos, sons ou caminhos diferentes para as crianças imitarem. Por exemplo, o líder anda como um bebê, com passos largos ou saltos. Termine o jogo na área onde a história será contada.

Hora da história: leia estas instruções antes de iniciar.

1. Conte a história com as suas próprias palavras. Remova cada item da bolsa enquanto você ilustra um ponto principal. Concentre-se nos pontos principais. Se você estiver confortável, inclua mais detalhes. Se necessário, use o roteiro sugerido.

2. Ao contar a história, mostre cada item na ordem em que está listado. Coloque-o onde as crianças possam ver.

3. Depois de contar a história, coloque todos os itens dentro da mala novamente.

4. Para revisar a história, remova o primeiro item. Peça a um voluntário para dizer o que ele representa. Mostre este item. Repita este processo até que a história seja recontada.

5. Revise os gestos descritos abaixo para facilitar a memorização. Demonstre cada gesto toda vez que você mencionar o que ele representa.

6. Diga, estamos em uma expedição. Eu fiz nossa mala de viagem com ferramentas que nos ajudarão a explorar o livro de Êxodo. A cada semana, procuraremos dentro da mala as ferramentas que precisaremos para a nossa

jornada. Hoje começamos com ... Pegue os itens enquanto conta a história.

Os pontos principais em ordem

1. Segure os doze itens semelhantes. Diga: **No final de Gênesis, Jacó, também conhecido como Israel, teve muitos filhos. Seu filho José se tornou um importante líder no Egito. Durante uma grande fome, José levou o seu pai, seus irmãos e suas famílias para o Egito. Eles viveram em Gósen e se tornaram um grande povo.**

2. Um Tijolo – Diga: **Depois da morte de José, um novo rei que não conhecia José se tornou faraó. Faraó temia que todos os israelitas se juntassem a seus inimigos e lutassem contra o Egito. Então ele forçou os israelitas a serem seus escravos. Ele os forçou a fazer tijolos e a construir as suas cidades.**

3. Gestos Para Facilitar a Memorização - Corrente - Mostre às crianças como unir os seus dois dedos para representar os israelitas como escravos dos egípcios. Ou convide as crianças a pensar em outro gesto. Diga, **Enquanto eu conto a história, faça esse gesto quando você ouvir o que ele representa.**

4. Boneca – Diga: **Mesmo depois de se tornarem escravos, Deus abençoou os filhos de Israel com muitos filhos. Para impedir que suas famílias ficassem em maior número, Faraó ordenou às parteiras hebreias que matassem os bebês hebreus no nascimento. Mas as parteiras temiam a Deus e se recusaram a matar os meninos. Depois disso, faraó ordenou que os egípcios jogassem todos os meninos hebreus no rio Nilo.**

5. Diga: **Agora é a sua vez de contar a história.** Coloque os itens dentro da mala. Peça às crianças que se revezem e escolham um item da mala, sem olhar. Peça para elas explicarem o que isso significa ou para rever o gesto para facilitar a memorização. Depois que todos os itens forem removidos, peça às crianças que os coloquem na ordem correta da história.

✝ LIÇÃO BÍBLICA

Dicas de aprendizado

Ao liderar o estudo bíblico, enfatize estas ideias

- Reveja Gênesis 15:12-14 e 46:2-7

- Conte com as suas próprias palavras como os israelitas chegaram ao Egito. Isso fornecerá o contexto para o estudo de Êxodo.

Leia as Escrituras

Leia Êxodo 1:1-12 em voz alta.

Perguntas para Discussão

Discuta a história e faça as seguintes perguntas às crianças. Lembre-se de que pode não haver uma resposta certa ou errada.

1. **O que aconteceu para fazer com que os israelitas fossem para o Egito?** (Gênesis 15:12-15; 46:2-7)

2. **Como você se sentiria se fosse um escravo israelita no Egito?**

3. **Você acha que os israelitas se sentiram abandonados por Deus? Por quê?**

4. **Através de quem Deus trabalhou para ajudar o seu povo sofredor? Como você acha que Deus ajuda as pessoas que sofrem hoje?** (Êxodo 1:17-21)

5. **Como você sabe que Deus trabalha consistentemente em sua vida?**

Pensamentos Finais

Este é o pensamento que você quer que as crianças se lembrem.

Diga: **Deus mostrou bondade ao seu povo em um momento de dificuldade.**

Os israelitas vieram para o Egito como convidados de honra e se tornaram escravos. O Senhor nunca esqueceu os israelitas ou a promessa que fez de dar-lhes uma terra própria. O Senhor mostrou bondade aos israelitas, apesar de coisas terríveis terem acontecido com eles. Ele estava com eles quando eles sofreram. Ele salvou os bebês de serem mortos.

O Senhor nunca te deixará. Ele vê as suas lutas. Ele está com você quando coisas ruins acontecem. O Senhor tinha um plano para os israelitas e tem um plano para você também.

☑ ATIVIDADE PARA MEMORIZAR O VERSÍCULO

Veja a página "Atividades para memorizar versículos" com sugestões que ajudarão as crianças a aprenderem o versículo para memorização.

🧩 ATIVIDADES COMPLEMENTARES

Para aprender mais sobre o antigo Egito e a cultura na qual os israelitas viviam, considere estas opções.

1. Aprenda sobre os faraós Ahmose e Ramsés II. Como eles eram? Por que eles são famosos? Como eles se relacionam com o Êxodo?

2. Aprenda sobre o antigo Egito durante o tempo de Ramsés II. Descubra o que fez do Egito uma superpotência no mundo antigo.

3. Estude hieróglifos egípcios e escreva uma frase nesta língua antiga.

4. Leia Gênesis 1:27-28, Gênesis 2:4-24 e Êxodo 1:8-22. Escreva um parágrafo explicando a diferença entre a visão de Deus

e a visão do faraó em relação ao valor das pessoas.

Construa o jogo da pirâmide

Prepare o seguinte antes da aula. Você vai precisar de

- Fita ou giz. Coloque a fita na forma de um triângulo no chão ou desenhe um triângulo com o giz. Faça um triângulo para cada equipe. Isso representa uma pirâmide

- Corte papel em forma de tijolos. Corte tijolos suficientes para encher a pirâmide com fileiras de tijolos.

- Defina uma linha de partida a dois ou três metros de distância. Opção: Faça tijolos soprando em pequenos sacos de papel pardo ou enchendo-os com papel amassado. Gentilmente feche a extremidade aberta com fita adesiva, mantendo o saco inchado. Peça às equipes para tentarem empilhá-los em uma forma triangular contra uma parede ou empilhá-los o mais alto que puderem.

Comece a jogar

1. Divida as crianças em duas ou mais equipes. Diga às crianças que escolham um nome para a equipe de um dos filhos de Jacó que foi para o Egito. Cada equipe representará uma das famílias israelitas que agora são escravas e devem construir cidades para o faraó.

2. Dê a cada equipe tijolos de papel suficientes para construir a sua pirâmide.

3. Diga a cada equipe para formar uma linha atrás do ponto de partida.

4. Quando o líder disser para começar, um membro de cada equipe deve levar um tijolo de papel para a pirâmide, sem usar os polegares. Eles devem colocar os tijolos dentro do triângulo para construir a sua pirâmide.

5. Em seguida, eles devem voltar e marcar a próxima criança para que possa começar a carregar o tijolo até a pirâmide. Repita esta ação até que uma equipe termine de construir a sua pirâmide.

6. Fale sobre o que pode dificultar a construção da pirâmide e tente o jogo novamente.
Diga: **E se você tivesse que fazer o seu próprio tijolo sem suprimentos ou instruções?** Discuta as respostas.
Diga: **O Faraó obrigou os israelitas a trabalharem muito. Ele tratou-os cruelmente. Mas Deus estava com eles. Mesmo quando a vida era difícil, eles não estavam sozinhos. Deus os abençoou e ajudou as suas famílias a crescerem durante aquele tempo.**

🧩 ATIVIDADE PARA CRIANÇAS MAIS VELHAS

Obedecer ou não obedecer

Esta atividade ilustra que é difícil para nós ouvirmos a Deus quando outras mensagens competem por nossa atenção.

Você vai precisar de

- Um pedaço de papel e um lápis para cada aluno

- Um líder voluntário adulto

1. Divida os alunos em equipes e peça a cada equipe para formar uma linha para uma corrida de revezamento. Explique que o líder adulto dará as instruções para a corrida. Por exemplo: rastejar, andar para trás ou pular. Explique aos alunos que eles devem optar por obedecer a você ou ao outro líder.

2. Peça ao líder voluntário adulto para dar vários comandos quando a corrida começar. Cada líder deve dar comandos diferentes.

3. A equipe que ouvir você deve sempre vencer a corrida, mesmo que seja a última.

4. Diga: **Faraó disse às parteiras para matar os meninos hebreus. Elas se recusaram a obedecê-lo porque temiam a Deus.** Pergunte: **alguém já tentou fazer você fazer algo que você sabia que não deveria fazer?** Ouça as respostas. Dê a cada aluno um pedaço de papel e um lápis. Peça aos alunos que escrevam sobre uma área da sua vida em que precisam de coragem para obedecer a Deus.

Diga: **Deus abençoou as parteiras hebreias, porque elas fizeram o que era certo. Deus lhes deu coragem quando precisaram. Deus está sempre com você. Ele irá guiá-lo para fazer o que é certo e dar-lhe-á coragem para fazê-lo.**

❓ TREINAMENTO PARA A GINCANA BÍBLICA

Veja a seção "Perguntas para a Gincana Bíblica" para as perguntas práticas do grupo vermelho e azul para esta lição.

NASCE UM LÍDER
Êxodo 2:1-22

VERSÍCULO PARA MEMORIZAR

"O meu escudo está nas mãos de Deus, que salva o reto de coração."

Salmos 7:10

VERDADES SOBRE DEUS

*Esta lição ensinará as seguintes verdades sobre Deus. O asterisco * indica a principal verdade que você deve ensinar às crianças.*

* ***** Deus estava sempre presente na vida de Moisés. Deus salvou a vida de Moisés e ajudou-o, embora Moisés tenha pecado.

* Deus protege e cuida das pessoas.

* Deus trabalha em nossas vidas, mas às vezes o Seu trabalho não é óbvio para nós.

FOCO DA LIÇÃO E RESUMO

Neste estudo, as crianças aprenderão que Deus está sempre trabalhando, mesmo quando não podemos ver os resultados.

1. Para salvar a vida de Moisés, sua mãe primeiro o escondeu em casa. Depois de três meses, ela o colocou em uma cesta, no rio Nilo.

2. A filha do faraó encontrou a cesta. Ela nomeou o bebê Moisés e o criou como seu filho.

3. Quando adulto, Moisés matou um egípcio que maltratava um escravo hebreu.

4. Moisés fugiu para Midiã, casou-se com Zípora e teve um filho.

CONTEXTO BÍBLICO

A mãe de Moisés, sua irmã e a filha do Faraó desafiaram bravamente a ordem do Faraó de matar todos os bebês hebreus. Porque a sua vida foi poupada, Moisés foi educado e treinado como um príncipe egípcio. Deus redimiu as experiências de Moisés e seu conhecimento do governo e da cultura dos egípcios.

Quando jovem, Moisés sentiu um parentesco com os hebreus. Ele pecou quando assassinou um egípcio. Ele escondeu o corpo porque estava com medo. Quando faraó descobriu, ele queria matar Moisés. Moisés fugiu do Egito e escapou para Midiã.

Em Midiã, Moisés continuou a defender os que eram maltratados. Ele protegeu as filhas de Reuel de um grupo de pastores. Reuel, também conhecido como Jetro, convidou Moisés para tornar-se um membro de sua casa e casar-se com sua filha, Zípora. Moisés tornou-se pastor e iniciou uma nova vida. Mas ele era um estrangeiro em uma terra estranha.

Deus protegeu Moisés. Quando Moisés pecou, Deus não se afastou. Deus resgatou tudo o que aconteceu na vida de Moisés. Ele escolheu Moisés para resgatar os israelitas.

VOCÊ SABIA?

Os filhos, netos, bisnetos e todos os filhos de uma pessoa são chamados de descendentes. Abraão e Sara tiveram um filho chamado Isaque. Isaque e Rebeca tiveram um filho chamado Jacó, também chamado de Israel. Os descendentes de Israel foram chamados israelitas.

Os israelitas não possuíam um lugar próprio. Eles eram frequentemente chamados de hebreus, o que significa andarilhos.

Depois que Sara morreu, Abraão casou-se com Quetura. Seu filho foi chamado Midiã. Os midianitas descenderam de Abraão e Quetura. Os midianitas e os israelitas, ou hebreus, eram parentes. Leia Gênesis 25:2

VOCABULÁRIO

Palavras de Fé

A **fé** é a confiança em Deus que leva a pessoa a acreditar no que Deus diz, a depender dele e a obedecê-lo.

Pessoas

Moisés era o filho hebreu de escravos levitas. Sua mãe o escondeu quando ele nasceu. Ele foi criado pela filha do Faraó e tornou-se um príncipe egípcio. Deus escolheu Moisés para liderar os israelitas da escravidão.

A **filha do Faraó** era membro da família real egípcia. Ela desafiou o decreto de seu pai para matar bebês hebreus e tratou Moisés como se ele fosse seu próprio filho.

Um **levita** era uma pessoa nascida na família de Levi. Levi foi um dos filhos de Jacó, que também era conhecido como Israel. Levi era um israelita.

Reuel também era conhecido como Jetro. Ele era o sumo sacerdote de Midiã. Ele se tornou sogro de Moisés.

Zípora era pastora. Ela era a filha mais velha de Reuel. Ela casou-se com Moisés.

Lugares

Midiã estava localizada na Península Arábica ao longo da costa oriental do Golfo de Aqaba.

Termos

O **papiro** era um papel primitivo feito do miolo da planta de papiro. A planta já foi abundante no delta do Nilo. Ela cresce a uma altura de dois a três metros.

📖 ATIVIDADE PARA CONTAR A HISTÓRIA

Toda semana você usará os dois primeiros itens.

1. A mala de viagem da lição 1

2. O contêiner de armazenamento (saco, cesto ou caixa). Armazene os itens das lições anteriores neste contêiner toda semana.

3. Os itens para a história de hoje

- Uma cesta

- Uma barra de sabão ou uma esponja

- Bolas de algodão

Antes da aula

- Leia Êxodo 2:1-22

- Reúna os itens para a história de hoje. Substitua uma imagem por qualquer item não disponível.

- Transfira todos os itens das aulas anteriores da mala de viagem para o contêiner de armazenamento. Coloque isso ao lado da área onde a história será contada.

- Coloque os itens da história de hoje dentro da mala de viagem. Coloque a mala de viagem na área onde a história será contada.

Atividade de Abertura: Siga o Líder

Diga às crianças para formarem uma fila, uma atrás da outra. Escolha uma criança para ser o líder. Diga às crianças que elas devem observar o líder e imitar tudo o que o líder fizer. O líder lidera o grupo pela sala. Ele ou ela usa gestos, sons ou caminhos diferentes para as crianças imitarem. Por exemplo, o líder anda como um bebê, com passos largos ou saltos. Termine o jogo na área onde a história será contada.

Revisão Opcional da Lição

Peça a um voluntário para selecionar um item do contêiner de armazenamento e explique o que ele representou na lição anterior.

Hora da história: leia estas instruções antes de iniciar.

1. Conte a história com suas próprias palavras. Remova cada item da mala enquanto você ilustra um ponto principal. Concentre-se nos pontos principais. Se você estiver confortável, inclua mais detalhes. Se necessário, use o roteiro sugerido.

2. Ao contar a história, exiba cada item na ordem em que está listado. Coloque-os onde as crianças possam ver.

3. Depois de contar a história, coloque todos os itens dentro da mala novamente.

4. Para revisar a história, remova o primeiro item. Peça a um voluntário para dizer o que ele representa. Mostre este item. Repita este processo até que a história seja recontada.

5. Revise os gestos descritos abaixo para facilitar a memorização. Demonstre este gesto toda vez que você mencionar o que ele representa.

6. Diga: **Nós continuamos em nossa expedição para explorar o livro de Êxodo. Coloquei em nossa mala de viagem ferramentas que precisaremos. Hoje nossa jornada começa com...** Pegue os itens enquanto conta a história.

Os pontos principais em ordem

1. Gestos Para Facilitar a Memorização - Balance o bebê - Mostre às crianças como fingir balançar um bebê em seus braços. Este movimento representa o bebê Moisés. Ou convide as crianças a pensarem em outro movimento. Diga: **Enquanto eu conto a história, faça esse movimento quando você ouvir o que ele representa.**

2. Uma cesta – Diga: **A família levita tinha um menino. A mãe o escondeu porque o faraó disse que todos os meninos hebreus deveriam ser mortos. Quando o bebê ficou grande demais para o esconder, a mãe fez uma cesta de** papiro e colocou a cesta nos canaviais ao longo do Nilo.

3. Uma barra de sabão ou uma esponja – Diga: **A filha do faraó foi se banhar no rio Nilo. Ela viu a cesta e pediu a sua criada que a trouxesse para ela. Ela sentiu pena do bebê e decidiu adotá-lo como seu filho. Ela o nomeou Moisés. Por um período de tempo, ela pagou a mãe de Moisés para cuidar dele.**

4. Bolas de algodão (ou lã) - Diga: **Enquanto Moisés era um menino, ele tornou-se um membro da família real. Embora ele vivesse e fosse educado como um egípcio, sentia pena dos hebreus. Quando Moisés tornou-se jovem, ele viu um egípcio que maltratou um hebreu. Ele matou o egípcio e escondeu o corpo. Faraó soube disso e quis matar Moisés. Moisés fugiu para Midiã. Ele sentou-se perto de um poço onde os pastores davam água aos seus rebanhos. Ele conheceu as filhas de um homem chamado Reuel, que lhe deu um lugar para morar e um emprego. Moisés casou-se com a filha de Reuel, Zípora, e tornou-se pastor.**

5. Diga: **Agora é a sua vez de contar a história**. Coloque os itens dentro da mala. Peça às crianças que se revezem e escolham um item da mala, sem olhar. Peça para elas explicarem o que isso significa ou para rever o gesto para facilitar a memorização. Depois que todos os itens forem removidos, peça às

crianças que os coloquem na ordem correta
da história.

📖 LIÇÃO BÍBLICA

Dicas de aprendizado

Ao liderar o estudo bíblico, enfatize estas ideias

- Lembre as crianças que Deus está sempre
  trabalhando em suas vidas. Até quando elas
  não podem ver o que Ele está fazendo, Deus
  trabalha constantemente para ajudá-las. Sua
  presença está sempre conosco.

- Se possível, compartilhe uma experiência
  pessoal que ilustre isso.

Leia as Escrituras

Leia Êxodo 2:1-22 em voz alta.

Perguntas para Discussão

*Discuta a história e faça as seguintes perguntas às
crianças. Lembre-se de que pode não haver uma
resposta certa ou errada.*

1. **O decreto do faraó, ou ordem, exigia
   que as pessoas jogassem os meninos no
   rio Nilo. A mãe de Moisés obedeceu
   a essa ordem? Por que ela respondeu
   dessa maneira? Explique a sua
   resposta.**

2. **Moisés cresceu como um príncipe
   em um palácio egípcio. Por que ele
   se importou quando viu um egípcio
   batendo em um hebreu?**

3. **Deus não é mencionado em Êxodo 2.
   Como sabemos que Deus trabalhou
   constantemente para ajudar Moisés?**

4. **Imagine que você conheceu Moisés
   e viu esses eventos. Como você
   descreveria as maneiras pelas quais o
   Senhor protegeu e preparou Moisés
   para ser um grande líder? Por que você
   acha que Deus não fez isso de uma
   maneira diferente?**

5. **Deus ainda prepara as pessoas para
   serem líderes? Quais são algumas das
   formas que vemos isso na vida das
   pessoas?**

Pensamentos Finais

*Este é o pensamento que você quer que as crianças
se lembrem.*

Diga: **Deus salvou a vida de Moisés e o
ajudou, mesmo quando Moisés pecou e
matou o egípcio.**

**Deus trabalhou para salvar a vida de
Moisés através de muitos eventos
emocionantes. Você se pergunta
se Deus trabalha em sua vida? Nós
não costumamos viver experiências
dramáticas como as de Moisés. Nem
sempre podemos vê-Lo, mas Deus
trabalha constantemente em nossas**

vidas. Ele nos guia e nos ajuda a nos tornar quem Ele nos criou para ser. Deus nos ama e nos ajuda mesmo quando fazemos algo errado. Nenhum problema é grande demais para Deus.

Deus tinha grandes planos para Moisés. Deus tem planos para você também. Pode levar algum tempo para você conhecer o plano de Deus. Enquanto espera, você pode estar certo de que Deus está sempre com você. Ele trabalha constantemente em sua vida!

☑ ATIVIDADE PARA MEMORIZAR O VERSÍCULO

Veja a página "Atividades para memorizar versículos" com sugestões que ajudarão as crianças a aprenderem o versículo para memorização.

🧩 ATIVIDADES COMPLEMENTARES

Para aprender mais sobre o antigo Egito e a cultura na qual os israelitas viviam, considere estas opções.

1. Aprenda sobre nomes no antigo Egito. Muitos faraós receberam o nome de seu deus favorito.

2. Pesquise e escreva uma pequena redação sobre a mais famosa batalha militar de Ramsés, o Grande. Com quem ele lutou? Que animal de estimação ele levou para a batalha? O que aconteceu?

3. Pesquise como os antigos egípcios faziam papiro com cana de papiro. Para diversão extra, pesquise na Internet uma receita para criar seu próprio papiro.

Revisão do Jogo para Colocar o bebê Moisés na Cesta

Você vai precisar de

· Uma cesta

· 10 bolas de algodão

· Um pequeno boneco embrulhado em um pano para representar o bebê Moisés.

Diga às crianças para se sentarem em círculo. Entregue a cesta para uma criança. Peça a ela que conte um fato da história. Se o fato for verdadeiro, a criança pode colocar uma bola de algodão no cesto. Continue dessa maneira ao redor do círculo até que as crianças tenham usado todas as bolas de algodão. A última criança a contar um fato verdadeiro pode acrescentar a última bola de algodão e colocar o bebê Moisés na cesta.

Peça às crianças: **pensem em nossa história bíblica. O que esta cesta nos lembra?** Pausa para as crianças responderem. **A mãe de Moisés colocou-o em uma cesta no Nilo para tentar salvar a sua vida. O que as bolas de algodão nos lembram?** Pausa para as crianças responderem. Moisés fugiu para Midiã e encontrou os pastores e as filhas de Reuel no poço. Ele se tornou pastor e cuidou das ovelhas de Reuel. Diga: **Deus protegeu Moisés quando ele era um bebê. Quando** Moisés tornou-se um homem, Deus proveu para ele também. Deus nos ama e provê o que precisamos.

ATIVIDADE PARA CRIANÇAS MAIS VELHAS

Colocando tudo em uma linha de discussão

Você vai precisar de um pedaço de papel e um lápis para cada aluno

1. Dê a cada aluno um pedaço de papel e um lápis. Peça a cada aluno que escreva três coisas que sejam valiosas para ele/ela ou coisas que seriam difíceis de doar ou viver sem elas. Peça aos alunos que compartilhem o que escreveram.

2. Pergunte aos alunos: **qual seria a coisa mais difícil de se dar?** Discuta como a mãe de Moisés teve que confiar em Deus quando ela colocou o seu bebê no Nilo. Pergunte: **quais os medos que ela teve?** Diga: **Deus trabalhou na vida de Moisés. Deus protegeu Moisés quando ele era um bebê e um homem. Deus proveu a Moisés. Você sente medo de confiar em Deus com alguma coisa?**

3. Compartilhe um exemplo de quando você teve que confiar em Deus para lhe prover ou proteger.

4. Pergunte aos alunos: **você acredita que Deus proverá em uma situação difícil?** Peça aos alunos que escrevam sobre as suas preocupações e compartilhem com a turma.

Diga: **lembre-se, Deus ama você. Ele está sempre com você mesmo quando você está com medo. Ele está trabalhando em sua vida e Ele quer prepará-lo para a vida no futuro!**

TREINAMENTO PARA A GINCANA BÍBLICA

Veja a seção "Perguntas para a Gincana Bíblica" para as perguntas práticas do grupo vermelho e azul para esta lição.

VOCÊ ESTÁ EM TERRA SANTA

Êxodo 2:23 — 3:22

VERSÍCULO PARA MEMORIZAR

Disse Deus a Moisés: "EU SOU O QUE SOU. É isto que você dirá aos israelitas: EU SOU me enviou a vocês."

Êxodo 3:14

VERDADES SOBRE DEUS

*Esta lição ensinará as seguintes verdades sobre Deus. O asterisco * indica a principal verdade que você deve ensinar às crianças.*

* ***** Deus escolheu trabalhar através de Moisés para resgatar o seu povo da escravidão.

* · Deus é um Deus santo.

* · Deus se importa com o que acontece com as pessoas.

* · Deus escolhe pessoas para trabalhar com Ele para realizar os seus propósitos.

FOCO DA LIÇÃO E RESUMO

Neste estudo, as crianças aprenderão que Deus realiza os seus propósitos chamando pessoas para trabalhar com Ele.

1. O Senhor se lembrou de seu pacto com Abraão e sentiu preocupação por seu povo estar escravizado.

2. O Senhor apareceu a Moisés em uma sarça-ardente.

3. O Senhor anunciou o seu plano para resgatar os israelitas.

4. O Senhor disse a Moisés para ir e entregar esta mensagem aos anciãos israelitas.

CONTEXTO BÍBLICO

Êxodo 3 nos ajuda a entender o caráter de Deus e sua missão de salvação.

Deus procurou Moisés enquanto Moisés vivia uma vida comum e pastoreava ovelhas. Deus apareceu como fogo em uma sarça e disse a Moisés para tirar as suas sandálias. A presença de Deus fez aquela terra santa. Aquele lugar tornou-se um lugar sagrado, separado para Deus somente.

Deus quer que experimentemos um relacionamento pessoal com Ele. Ele nos convida a trabalhar com Ele para salvar todas as pessoas. Quando Moisés perguntou: "Quem sou eu para ir até Faraó e tirar os israelitas do Egito?" Deus respondeu: "Eu estarei com você" (3:12). Moisés deveria confiar na força de Deus e não em sua própria força. Quando Deus nos envia, nunca estamos sozinhos. Deus sempre vai conosco. Ele nos dá a capacidade de fazer o que Ele nos pede para fazer.

Nas culturas antigas, os nomes tinham grande significado. O nome de uma pessoa revelava a sua verdadeira identidade e caráter. Em 3:13, Moisés disse a Deus, "Suponha que eu vá aos israelitas e diga a eles: 'O Deus de seus pais me enviou a vocês', e eles me perguntarão: 'Qual é o nome dele?' Então o que eu direi a eles? Moisés estava perguntando a Deus como deveria apresentá-lo àqueles que não o conheciam.

Deus respondeu: 'EU SOU O QUE SOU'. Diga aos israelitas: 'EU SOU me enviou a vocês'. Isso enfatiza que a presença de Deus está sempre aqui e agora. Deus é eterno. Ele não tem começo. Ele não tem fim. Só Ele é quem sempre é.

VOCÊ SABIA?

Na Bíblia, o Senhor muitas vezes se revela como fogo.

VOCABULÁRIO

Palavras de Fé

Santo significa completo e puro. Também significa algo ou alguém reservado apenas para Deus. Deus é santo. Ele é diferente de todos os outros seres porque só Ele é completamente bom e perfeito.

Pessoas

Jetro também conhecido como Reuel, o sumo sacerdote de Midiã. Ele era o sogro de Moisés.

Os cananeus foram um povo que viveu em Canaã.

EU SOU ou **EU SOU QUEM SOU** é o nome pessoal de Deus. Este é o nome que Ele chama a si mesmo.

Os **anciãos** são os líderes de uma tribo israelita. Anciãos eram geralmente homens mais velhos.

Lugares

Horebe é o monte onde Deus apareceu a Moisés na sarça ardente. A sarça queimava mas não se destruía.

Termos

Maravilhas ou **sinais** são milagres feitos por Deus.

📖 ATIVIDADE PARA CONTAR A HISTÓRIA

Toda semana você usará os dois primeiros itens.

1. A mala de viagem da lição 1

2. O contêiner de armazenamento (saco, cesto ou caixa). Armazene os itens das lições anteriores neste contêiner toda semana.

3. Os itens para a história de hoje

- Um fósforo ou uma vela

- Um pequeno ramo ou uma pequena planta

- Uma sandália ou um sapato

- Um pedaço de papel e um marcador

- Joias com cores de ouro e prata, e uma pequena peça de roupa

Antes da aula

- Leia Êxodo 2:23 — 3:22.

- Reúna os itens para a história de hoje. Substitua uma imagem por qualquer item não disponível.

- Transfira todos os itens das aulas anteriores da mala de viagem para o contêiner de armazenamento. Coloque isso ao lado da área onde a história será contada.

- Coloque os itens da história de hoje dentro da mala de viagem. Coloque a mala de viagem na área onde a história será contada.

- Imprima esta frase no papel: **"EU SOU O QUE EU SOU"**. Coloque este papel com a face voltada para baixo na área onde a história será contada.

Atividade de Abertura: Siga o Líder

Diga às crianças para formarem uma fila, uma atrás da outra. Escolha uma criança para ser o líder. Diga às crianças que elas devem observar o líder e imitar tudo o que o líder fizer. O líder lidera o grupo pela sala. Ele ou ela usa gestos, sons ou caminhos diferentes para as crianças imitarem. Por exemplo, o líder anda como um bebê, com passos largos ou saltos. Termine o jogo na área onde a história será contada.

Revisão Opcional da Lição

Peça a um voluntário para selecionar um item do contêiner de armazenamento e explique o que ele representou na lição anterior.

Hora da história: leia estas instruções antes de começar.

1. Conte a história com suas próprias palavras. Remova cada item da mala enquanto você ilustra um ponto principal. Concentre-se nos pontos principais. Se você estiver confortável, inclua mais detalhes. Se necessário, use o roteiro sugerido.

2. Ao contar a história, exiba cada item na ordem em que está listado. Coloque-os onde as crianças possam ver.

3. Depois de contar a história, coloque todos os itens dentro da mala novamente.

4. Para revisar a história, remova o primeiro item. Peça a um voluntário para dizer o que ele representa. Mostre este item. Repita este processo até que a história seja recontada.

5. Revise os gestos descritos abaixo para facilitar a memorização. Demonstre este gesto toda vez que você mencionar o que ele representa.

6. Diga: **Nós continuamos em nossa expedição para explorar o livro de Êxodo. Coloquei em nossa mala de viagem ferramentas que precisaremos. Hoje nossa jornada começa com...** Pegue os itens enquanto conta a história.

Os pontos principais em ordem

1. **Um fósforo ou uma vela e uma planta ou um ramo** - Diga, **Enquanto Moisés estava pastoreando ovelhas, ele viu uma sarça em chamas. Embora estivesse queimando, não se destruía. Moisés foi olhar aquela estranha visão.**

2. **Uma sandália ou um sapato** – Diga, **Deus chamou Moisés da sarça ardente e disse: "Não chegue mais perto. Tire as suas sandálias, pois o lugar onde você está é terra santa"(3: 5). Deus tinha visto a miséria do seu povo no Egito. Ele estava preocupado com o sofrimento deles. Ele veio para resgatá-los e conduzi-los a uma terra boa e espaçosa. Ele enviaria Moisés a Faraó e tiraria os israelitas do Egito.**

3. **Papel com a frase "EU SOU"** – Diga: **Moisés contestou o chamado de Deus. Ele perguntou: "Quem sou eu para ir a Faraó e tirar os israelitas do Egito?" (3:11). Moisés também queria saber o que deveria dizer se as pessoas perguntassem quem o enviara. Deus** respondeu: **"EU SOU O QUE EU SOU. Diga aos israelitas que EU SOU enviou você à eles."(3:14).**

4. **Gestos Para Facilitar a Memorização** - Coloque as duas mãos em cada lado da boca. Isso representa que Deus chamou Moisés para ir. Ou convide as crianças a pensarem em outro movimento. Diga, **enquanto eu conto a história, faça esse movimento quando você ouvir o que ele representa.**

5. **Joias de ouro e prata e roupas** – Diga: **Deus compartilhou mais sobre o seu plano de resgate. Ele disse a Moisés que eles não deixariam o Egito de mãos vazias. Os egípcios dariam aos israelitas ouro, prata e roupas (3:22).**

6. Diga: **Agora é a sua vez de contar a história.** Coloque os itens dentro da mala. Peça às crianças que se revezem e escolham um item da mala, sem olhar. Peça para elas explicarem o que isso significa ou para rever o gesto para facilitar a memorização. Depois que todos os itens forem removidos, peça às crianças que os coloquem na ordem correta da história.

⊞ LIÇÃO BÍBLICA

Dicas de aprendizado

Ao liderar o estudo bíblico, enfatize estas ideias

- Conte com as suas próprias palavras como o Senhor cumpriu a promessa que fez a Abraão em Gênesis 15.

- Lembre as crianças que Deus frequentemente trabalha com pessoas comuns para realizar os seus propósitos.

Leia as Escrituras

Leia Êxodo 2:23 — 3:22 em voz alta.

Perguntas para Discussão

Discuta a história e faça as seguintes perguntas às crianças. Lembre-se de que pode não haver uma resposta certa ou errada.

1. **Qual foi o pacto que Deus fez com Abraão, Isaque e Jacó?**

2. **O que Deus quis dizer quando disse que a terra perto da sarça-ardente era terra santa?**

3. **Deus disse que Ele iria resgatar os israelitas. Ele enviou Moisés para tirar o povo do Egito. Quem realmente resgatou os israelitas?**

4. **Como você reagiria se Deus lhe pedisse para resgatar uma nação inteira de pessoas escravizadas?**

5. **Que promessas Deus fez a Moisés? Se Deus lhe desse um trabalho** semelhante e fizesse essas promessas a você, você teria coragem de fazer o trabalho? Por quê ou por quê não?

Pensamentos Finais

Este é o pensamento que você quer que as crianças se lembrem.

Diga: **Deus escolheu trabalhar através de Moisés para resgatar o seu povo da escravidão.**

Você já se perguntou como Deus realiza os seus propósitos no mundo? Há momentos em que Deus trabalha sozinho para fazer algo que só Ele pode fazer. Muitas vezes, Deus inclui pessoas em seu trabalho. Deus poderia ter resgatado o seu povo do Egito sem ajuda. Nada é difícil para Ele. Em vez disso, Deus chamou Moisés para trabalhar com Ele.

Deus pode chamá-lo(la) para trabalhar com Ele. A Bíblia conta muitas histórias de como Deus trabalhou através de pessoas de todas as idades, incluindo crianças! Se Deus te chamar para fazer algo por Ele, você pode confiar nele completamente. Ele estará com você e o ajudará, não importa quão difícil o trabalho possa parecer.

☑ ATIVIDADE PARA MEMORIZAR O VERSÍCULO

Veja a página "Atividades para memorizar versículos" com sugestões que ajudarão as crianças a aprenderem o versículo para memorização.

🧩 ATIVIDADES COMPLEMENTARES

Para aprender mais sobre o antigo Egito e a cultura na qual os israelitas viviam, considere estas opções.

1. Aprenda sobre outras ocasiões em que Deus se revelou através do fogo: fogueira (Gênesis 15:17); coluna de fogo (Êxodo 13:21); fogo no altar de Elias (1 Reis 18:38); línguas de fogo (Atos 2:3).

2. Peça ao seu pastor que fale sobre o nome pessoal de Deus, Yahweh. Este é o nome que Deus usou em Êxodo 3:14-15.

3. Em um dicionário bíblico, procure informações sobre o pastoreio de ovelhas. Descubra o que os pastores faziam. Aprenda sobre os significados especiais que a palavra "pastor" tem na Bíblia.

Lanche com biscoitos da sarça ardente ou projeto de arte opcional

Você vai precisar de

· 2 biscoitos em forma de árvore para cada criança

· Cobertura doce verde e laranja

· Facas de plástico para espalhar a cobertura

· Toalhas de papel

· Sacos de armazenamento ou filme plástico para guardar os biscoitos

· Produtos de limpeza

Antes da aula

Asse dois biscoitos em forma de árvore para cada criança.

Permita que as crianças espalhem cobertura verde em seus biscoitos. Enquanto a cobertura seca, revise a história bíblica. Discuta as seguintes perguntas.

1. O que tornou a sarça incomum?

2. Por que Deus disse a Moisés para tirar as sandálias?

3. Como você acha que Deus se sentiu sobre o seu povo?

4. Qual era o nome especial de Deus? Por que esse era o nome dele?

5. O que Deus fez para convencer o faraó a deixar o povo ir?

6. O que os israelitas levariam dos egípcios?

Depois de rever a história, permita que as crianças adicionem detalhes com cobertura laranja para fazer os seus arbustos "queimarem". Desfrute de um tempo juntos comendo o biscoito. Peça às crianças que levem o outro biscoito para casa e revisem a história de Moisés com seus pais.

Arte opcional

Você vai precisar de papel verde, vários itens de artesanato para representar fogo e cola. Itens vermelho, amarelo e laranja, ou pintura a dedo.

Se os biscoitos não forem uma opção, dê às crianças um pedaço de papel verde. Rasgue ou corte em forma de arbusto. Em seguida, use uma variedade de itens vermelhos, laranja e amarelos para representar o fogo. Cole aleatoriamente esses itens no arbusto para criar o fogo. Alguns materiais sugeridos incluem pequenos quadrados de papel de seda, recorte de pequenas formas de chama, lantejoulas, carimbos ou glitter. Ou, permita que as crianças coloquem impressões digitais com tintas laváveis amarela, vermelha ou laranja, ou pintura a dedo. Enquanto o projeto seca, revise a história como sugerido acima.

ATIVIDADE PARA CRIANÇAS MAIS VELHAS

Deus falou com Moisés através da sarça-ardente. Ele contou a Moisés o seu plano para salvar os israelitas. Deus ainda chama as pessoas para se envolverem em seu trabalho. Ele geralmente não faz isso através de uma sarça-ardente. Peça aos alunos que pensem em alguém que tenha atendido o chamado de Deus. Pergunte por que eles acham que isso é verdade. Discuta as perguntas que eles gostariam de fazer à essa pessoa e faça uma lista. Convide uma dessas pessoas ou seu pastor para compartilhar com a turma.

Entreviste as pessoas que responderam ao chamado de Deus. Peça-lhes para descrever o que aconteceu. Como elas sabiam que Deus as chamava? Foi fácil ou difícil dizer sim a Deus? Por quê? Como Deus ajudou-as a fazer o seu trabalho?

Peça aos alunos para compartilharem se alguma vez sentiram que Deus os chamou para realizar uma tarefa específica?

TREINAMENTO PARA A GINCANA BÍBLICA

Veja a seção "Perguntas para a Gincana Bíblica" para as perguntas práticas do grupo vermelho e azul para esta lição.

MOISÉS... VOCÊ PODE FAZER ISSO!
Êxodo 4:1-21, 27-31

VERSÍCULO PARA MEMORIZAR

"Os que conhecem o teu nome confiam em ti, pois tu, Senhor, jamais abandonas os que te buscam."

Salmos 9:10

VERDADES SOBRE DEUS

Esta lição ensinará as seguintes verdades sobre Deus. O asterisco * indica a principal verdade que você deve ensinar às crianças.

* Deus mostrou a Moisés que ele tinha o poder para cumprir as suas promessas.

· Deus tem o poder de fazer milagres.

· Deus promete ajudar aqueles a quem Ele deu uma tarefa.

FOCO DA LIÇÃO E RESUMO

Neste estudo, as crianças aprenderão que Deus tem o poder de cumprir as suas promessas e fazer milagres.

1. O Senhor chamou Moisés para servi-lo e ir para o Egito.

2. O Senhor deu a Moisés sinais miraculosos para que os israelitas soubessem que o Senhor o havia enviado.

3. O Senhor enviou Arão para ajudar Moisés.

4. No começo, os acontecimentos no Egito desencorajaram Moisés e o povo. Deus estava sempre trabalhando em seu plano.

CONTEXTO BÍBLICO

Os israelitas foram libertados do cativeiro, mas ainda enfrentaram desafios. O que aconteceria com eles? O Senhor realizou sinais miraculosos para revelar a sua presença e poder. Ele planejou governar como Deus e Rei do povo israelita.

Neste estudo bíblico, Deus cria os papéis de profeta e sacerdote para servir como seu representante. Os profetas falam por Deus. Moisés, o profeta de Deus, recebe as mensagens de Deus e as comunica ao povo. Ele também realiza sinais e maravilhas. Arão, o sacerdote de Deus, representa Deus em adoração. Um sacerdote leva as pessoas a experimentarem a presença de Deus através da adoração. Hoje, o pastor ou pregador da igreja é o líder espiritual.

Moisés estava com medo de falar por Deus. Quando Moisés implorou para que Ele enviasse outra pessoa, Deus ficou zangado. (Êxodo 4:13-14) Não é errado fazer perguntas a Deus. Deus nos encoraja a fazer perguntas que são necessárias para descobrirmos a verdade. Quando nossas perguntas forem respondidas, precisamos agir. Não devemos dar desculpas porque sentimos medo.

Este estudo revela a reação dos israelitas à mensagem de Deus e aos seus mensageiros.

VOCÊ SABIA?

Moisés realizou sinais ou milagres. Cada sinal tinha um significado especial. Por exemplo, quando Moisés colocou a sua mão leprosa em sua capa, ela foi completamente curada. Deus pretendia que isso fosse um aviso para o Faraó de que Deus poderia trabalhar poderosamente através de Moisés, suas palavras e suas ações.

VOCABULÁRIO

Palavras de Fé

Obedecer significa fazer o que sabemos que Deus quer que façamos. Deus quer que lhe obedeçamos e façamos o que Ele nos diz na Bíblia.

Pessoas

Arão, o **levita**, era o irmão mais velho de Moisés. O Senhor disse que Arão ajudaria Moisés a falar com o faraó e com o povo.

Termos

O **cajado de Deus** era o cajado do pastor Moisés, uma ferramenta usada para guiar ovelhas. Deus usou isso para fazer sinais milagrosos.

Leproso significa que uma pessoa tem uma doença de pele chamada lepra. Esta doença foi muito contagiosa durante os tempos bíblicos.

Surdo significa que uma pessoa é incapaz de ouvir.

Mudo significa que uma pessoa é incapaz de falar.

📖 ATIVIDADE PARA CONTAR A HISTÓRIA

Toda semana você usará os dois primeiros itens.

1. A mala de viagem da lição 1

2. O contêiner de armazenamento (saco, cesto ou caixa). Armazene os itens das lições anteriores neste contêiner toda semana.

3. Itens para a história de hoje

- Uma cobra falsa de borracha

- Uma vara

- Um mapa, de preferência das Terras Sagradas

- Marcadores

Antes da aula

- Leia Êxodo 4:1-21, 27-31

- Reúna os itens para a história de hoje. Substitua uma imagem por qualquer item não disponível.

- Transfira todos os itens das aulas anteriores da mala de viagem para o contêiner de armazenamento. Coloque isso ao lado da área onde a história será contada.

- Coloque os itens da história de hoje dentro da mala de viagem. Coloque a mala de viagem na área onde a história será contada.

Atividade de Abertura: Siga o Líder

Diga às crianças para formarem uma fila, uma atrás da outra. Escolha uma criança para ser o líder. Diga às crianças que elas devem observar o líder e imitar tudo o que o líder fizer. O líder lidera o grupo pela sala. Ele ou ela usa gestos, sons ou caminhos diferentes para as crianças imitarem. Por exemplo, o líder anda como um bebê, com passos largos ou saltos. Termine o jogo na área onde a história será contada.

Revisão Opcional da Lição

Peça a um voluntário para selecionar um item do contêiner de armazenamento e explique o que ele representou na lição anterior.

Hora da história: leia estas instruções antes de começar.

1. Conte a história com suas próprias palavras. Remova cada item da mala enquanto você ilustra um ponto principal. Concentre-se nos pontos principais. Se você estiver confortável, inclua mais detalhes. Se necessário, use o roteiro sugerido.

2. Ao contar a história, exiba cada item na ordem em que está listado. Coloque-os onde as crianças possam ver.

3. Depois de contar a história, coloque todos os itens dentro da mala novamente.

4. Para revisar a história, remova o primeiro item. Peça a um voluntário para dizer o que ele representa. Mostre este item. Repita este processo até que a história seja recontada.

5. Revise os gestos descritos abaixo para facilitar a memorização. Demonstre este gesto toda vez que você mencionar o que ele representa.

6. Diga: **Nós continuamos em nossa expedição para explorar o livro de**

Êxodo. Coloquei em nossa mala de viagem ferramentas que precisaremos. Hoje nossa jornada começa com...

Pegue os itens enquanto conta a história.

Os pontos principais em ordem

1. Uma cobra de borracha – Diga: **O Senhor deu a Moisés a capacidade de fazer sinais miraculosos para que os israelitas soubessem que o Senhor o enviou. Quando Moisés colocou o cajado no chão, ele se tornou uma cobra. Quando ele pegou a cauda, tornou-se um cajado novamente. A mão de Moisés ficava leprosa quando colocada sob o manto e depois ficava normal. Se as pessoas ainda não acreditassem, Moisés era capaz de transformar água em sangue.**

2. Uma vara – Diga: **Moisés finalmente concordou em fazer o que Deus o chamou para fazer. Ele se despediu de Jetro, também conhecido como Reuel, e levou a sua esposa e família com ele. Ele também levou o cajado de Deus em sua mão.** Leia 4:20.

📖 LIÇÃO BÍBLICA

Dicas de aprendizado

Ao liderar o estudo bíblico, enfatize estas ideias

- Lembre às crianças que Moisés sentiu medo de voltar ao Egito. Esta foi uma reação humana normal. Moisés aprendeu a confiar

3. Gestos Para Facilitar a Memorização - Peça às crianças que apontem os polegares por cima do ombro para representar que Moisés voltou ao Egito. Ou convide as crianças a pensarem em outro movimento. Diga, **enquanto eu conto a história, faça esse movimento quando você ouvir o que ele representa.**

4. Mapa – Diga: **No deserto, Moisés encontrou Arão como o Senhor havia dito anteriormente. Juntos eles foram para o Egito. No Egito, eles se encontraram com os anciãos dos israelitas e contaram tudo o que o Senhor disse. Moisés mostrou ao povo os sinais miraculosos. As pessoas adoraram a Deus.**

5. Diga: **Agora é a sua vez de contar a história.** Coloque os itens dentro da mala. Peça às crianças que se revezem e escolham um item da mala, sem olhar. Peça para elas explicarem o que isso significa ou para rever o gesto para facilitar a memorização. Depois que todos os itens forem removidos, peça às crianças que os coloquem na ordem correta da história.

em Deus e nas promessas de Deus para ajudá-lo.

- O Senhor queria libertar os israelitas de uma vida ruim e dar-lhes uma boa vida. Ele era o seu Deus e Rei. Ele protegeria e cuidaria deles.

Leia as Escrituras

Leia Êxodo 4:1-21, 27-31 em voz alta.

Perguntas para Discussão

Discuta a história e faça as seguintes perguntas às crianças. Lembre-se de que pode não haver uma resposta certa ou errada.

1. Você obedeceria se Deus lhe pedisse para ir em um lugar onde você sabe que as pessoas não gostam de você? Por quê ou por quê não?

2. Quais foram os três milagres que o Senhor pediu que Moisés fizesse? Como você se sentiria se Deus lhe desse a capacidade de realizar esses milagres?

3. Moisés disse que ele era "lento de fala e língua". Ele não achava que fosse capaz de fazer o que o Senhor lhe pediu para fazer. Você já se sentiu ansioso ou com medo de fazer o que o Senhor lhe pediu para fazer? Explique a sua resposta.

4. Que encorajamento o Senhor deu a Moisés em Êxodo 4:11-12? Como o Senhor tem encorajado você?

5. Leia Êxodo 4:31. O que as pessoas fizeram quando viram Moisés realizar os sinais e ouviram que o Senhor estava preocupado com elas? Como você acha que elas se sentiram? Por quê?

Pensamentos Finais

Este é o pensamento que você quer que as crianças se lembrem.

Deus mostrou a Moisés que Ele tinha o poder para cumprir as suas promessas.

Diga: **Quem tinha o poder de resgatar os israelitas, Moisés ou Deus? Deus! No entanto, Deus planejou usar Moisés para resgatá-los. Moisés teve medo de voltar ao Egito. Mas o Senhor prometeu ensiná-lo e guiá-lo.**

Deus não espera que você o siga sem a ajuda dele. Ele conhece os seus pontos fortes e suas fraquezas. Deus ajudou e guiou Moisés. Ele irá ajudar e guiar você também. Deus chamou Moisés quando Moisés tinha oitenta anos de idade. Você é capaz de servir a Deus hoje!

ATIVIDADE PARA MEMORIZAR O VERSÍCULO

Veja a página "Atividades para memorizar versículos" com sugestões que ajudarão as crianças a aprenderem o versículo para memorização.

🧩 ATIVIDADES COMPLEMENTARES

Para aprender mais sobre o antigo Egito e a cultura na qual os israelitas viviam, considere estas opções.

1. Aprenda sobre a importância do rio Nilo para os egípcios. Quem foi o deus do Nilo? Escreva um parágrafo sobre as suas descobertas e compartilhe com o grupo.

2. Midiã é, mais provável, a atual Arábia Saudita. Use um mapa e meça o quão distante foi a viagem até o Egito.

3. Pesquise os fatos sobre a lepra e como ela é tratada hoje.

Sorria, você está na câmera!

Você vai precisar de

- Uma câmera de vídeo ou um celular com uma câmera.

- Uma cópia de Êxodo 4:1-21 e 27-31 para cada criança.

- Uma TV ou um projetor

- Cabos para conectar a TV ou projetor para a câmera ou telefone.

- Um marcador

Preparar

1. Configure a TV ou projetor em sua sala de aula.

2. Prepare a câmera de vídeo ou o celular para gravar as crianças.

3. Faça cópias ou imprima Êxodo 4:1-31. Eliminar os versos 22-26. Prepare uma cópia para cada criança.

4. Com o marcador, marque cada versículo, ou dois a três versículos, separadamente em cada folha.

Entregue a cada criança uma cópia das passagens bíblicas destacadas. Explique às crianças que elas lerão essa passagem em voz alta enquanto estiverem sendo gravadas. Dê a todas as crianças uma oportunidade, mas não as force a participar. Algumas crianças podem ler mais de uma passagem.

Grave as crianças enquanto elas leem suas partes das escrituras. Assista o vídeo com as crianças.

Opções: Se a gravação de vídeo não for uma opção, faça uma gravação de áudio apenas de suas vozes lendo a passagem. Outra opção é pedir às crianças que fiquem na frente da sala e leiam a sua passagem. Ascenda uma luz em cada leitor e finja gravar um vídeo.

Pergunte às crianças se elas ficaram nervosas enquanto liam a passagem das escrituras. Diga: **Foi difícil para você falar em frente de uma câmera. Também foi difícil para Moisés. Ele estava com muito medo de fazer o que Deus queria que ele fizesse. Você sentiria medo se tivesse que falar com um rei? Deus prometeu ajudar Moisés. Ele também enviou Arão para ajudar.** Discuta o que você aprendeu com a história de hoje.

🧩 ATIVIDADE PARA CRIANÇAS MAIS VELHAS

Você precisará de um ovo cozido para cada aluno e um para o líder.

Peça aos alunos para espremerem seus ovos sem quebrá-los. Os ovos vão quebrar a menos que eles saibam desse truque. Aqui está o segredo. Segure o seu ovo na palma da sua mão e envolva seus dedos completamente ao redor dele. Aplicando pressão uniforme ao redor da concha, aperte o quanto quiser. O ovo não vai quebrar.

Diga: **um ovo não é muito forte. Mas quando você o segura corretamente, ele é mais forte do que você pensa. Moisés só viu suas fraquezas e seus fracassos. O Senhor viu as possibilidades. Em algum momento de nossa vida, sentiremos medo como Moisés. É fácil ver o que não podemos fazer ou como podemos falhar. Mas como um ovo, somos mais fortes quando permitimos que o Senhor nos segure em suas mãos. Confie nele. Ele provê tudo para as nossas necessidades.**

❓ TREINAMENTO PARA A GINCANA BÍBLICA

Veja a seção "Perguntas para a Gincana Bíblica" para as perguntas práticas do grupo vermelho e azul para esta lição.

UM TRABALHO AINDA MAIS DIFÍCIL
Êxodo 5:1 — 6:9

VERSÍCULO PARA MEMORIZAR

"E agora ouvi o lamento dos israelitas, a quem os egípcios mantêm escravos, e lembrei-me da minha aliança."

Êxodo 6:5

VERDADES SOBRE DEUS

*Esta lição ensinará as seguintes verdades sobre Deus. O asterisco * indica a principal verdade que você deve ensinar às crianças.*

* Deus tranquilizou o seu povo em um momento de dificuldade.

· Deus procura resgatar as pessoas.

· Deus é mais poderoso que os reis e governantes humanos.

FOCO DA LIÇÃO E RESUMO

Neste estudo, as crianças aprenderão que Deus nem sempre age tão rapidamente quanto gostaríamos, ou da maneira que esperamos, mas Deus sempre trabalha para o nosso melhor.

Moisés e Arão se encontraram com o Faraó.

1. Faraó não deixaria os israelitas partirem.

2. Como punição, o faraó disse que os israelitas tinham que encontrar a sua própria palha e manter a sua cota de tijolos.

3. Os israelitas não deram ouvidos a Moisés porque estavam desencorajados.

CONTEXTO BÍBLICO

Os israelitas não adoravam o seu Deus por centenas de anos. Eles ouviram Arão e Moisés. Eles escolheram acreditar em Deus e adorá-lo. Eles tiveram esperança pela primeira vez em anos. Mas faraó não acreditava no Deus dos israelitas. Sua resposta esmagou a esperança dos israelitas. Sua exigência impossível de coletar a sua própria palha e ainda produzir o mesmo número de tijolos desencorajou Moisés e os israelitas. Deus disse a Moisés que o faraó resistiria. A crueldade do faraó cegou os israelitas para a promessa de liberdade que Deus havia feito. Quando as pessoas sofrem, muitas vezes tornam-se desencorajadas e cegas para as promessas, bondade e amor de Deus.

Se o faraó os deixasse ir após o primeiro pedido, o poder e a glória de Deus não seriam revelados. Com o tempo, os israelitas aprenderam a confiar em Deus completamente. Deus moldou pacientemente o caráter deles. O caráter, como o aço, é forjado com o tempo. Ambos são moldados sob alta temperatura e forte pressão. Deus ensinou, guiou, disciplinou, cuidou e encorajou os israelitas por meio de dificuldades dolorosas. Essas experiências os moldaram como povo de Deus.

VOCÊ SABIA?

Os faraós muitas vezes tinham o nome de seu deus favorito e o combinavam com o seu. Então eles falavam ao seu povo que eles eram um deus.

VOCABULÁRIO

Palavras de Fé

Resgatar significa livrar alguém de dificuldades ou escravidão e libertar essa pessoa.

Pessoas

Capatazes ou **escravistas** eram israelitas e homens egípcios que estavam no comando dos escravos. Eles forçavam os escravos a fazerem os seus trabalhos.

Lugares

Canaã era uma terra a leste do Egito. O Senhor prometeu dar esta terra aos israelitas. Outras pessoas moravam lá na época do Êxodo.

Termos

Uma **cota** é um número fixo de coisas que são exigidas e devem ser feitas.

ATIVIDADE PARA CONTAR A HISTÓRIA

Toda semana você usará os dois primeiros itens.

1. A mala de viagem da lição 1

2. O contêiner de armazenamento (saco, cesto ou caixa). Armazene os itens das lições anteriores neste contêiner toda semana.

3. Itens para a história de hoje

- Uma agenda ou calendário

- Palha ou grama seca

- Uma corda

- Uma bexiga

- Uma foto de uma pessoa orando ou uma estatueta de mãos em oração

Antes da aula

- Leia Êxodo 5:1 — 6:9

- Reúna os itens para a história de hoje. Substitua uma imagem por qualquer item não disponível.

- Transfira todos os itens das aulas anteriores da mala de viagem para o contêiner de armazenamento. Coloque isso ao lado da área onde a história será contada.

- Coloque os itens da história de hoje dentro da mala de viagem. Coloque a mala de viagem na área onde a história será contada.

Atividade de Abertura: Siga o Líder

Diga às crianças para formarem uma fila, uma atrás da outra. Escolha uma criança para ser o líder. Diga às crianças que elas devem observar o líder e imitar tudo o que o líder fizer. O líder lidera o grupo pela sala. Ele ou ela usa gestos, sons ou caminhos diferentes para as crianças imitarem. Por exemplo, o líder anda como um bebê, com passos largos ou saltos. Termine o jogo na área onde a história será contada.

Revisão Opcional da Lição

Peça a um voluntário para selecionar um item do contêiner de armazenamento e explique o que ele representou na lição anterior.

Hora da história: leia estas instruções antes de começar.

1. Conte a história com suas próprias palavras. Remova cada item da mala enquanto você ilustra um ponto principal. Concentre-se nos pontos principais. Se você estiver confortável, inclua mais detalhes. Se necessário, use o roteiro sugerido.

2. Ao contar a história, exiba cada item na ordem em que está listado. Coloque-os onde as crianças possam ver.

3. Depois de contar a história, coloque todos os itens dentro da mala novamente.

4. Para revisar a história, remova o primeiro item. Peça a um voluntário para dizer o que ele representa. Mostre este item. Repita este processo até que a história seja recontada.

5. Revise os gestos descritos abaixo para facilitar a memorização. Demonstre este gesto toda vez que você mencionar o que ele representa.

6. Diga: **Nós continuamos em nossa expedição para explorar o livro de Êxodo. Coloquei em nossa mala de viagem ferramentas que precisaremos. Hoje nossa jornada começa com...** Pegue os itens enquanto conta a história.

Os pontos principais em ordem

1. Agenda ou calendário – Diga: **Moisés e Arão tiveram o seu primeiro encontro com o Faraó. Eles pediram ao faraó para deixar o povo ir. Faraó recusou.**

2. Palha ou grama seca – Diga: **Depois que Moisés e Arão se encontraram com o faraó, faraó ordenou aos israelitas que encontrassem a sua própria palha. Eles**

ainda eram obrigados a fazer o mesmo número de tijolos. **O faraó disse que eles eram preguiçosos.**

3. Gestos Para Facilitar a Memorização - Mostre às crianças como proteger os olhos do sol como se estivessem à procura de palha. Ou convide as crianças a pensar em outro movimento. Diga**, enquanto eu conto a história, faça esse movimento quando você ouvir o que ele representa.**

4. Corda - Diga: **Os israelitas eram escravos. Eles estavam em cativeiro pelos egípcios. Eles tinham que obedecer ao faraó, seus escravistas e seus capatazes. Se desobedecessem, seriam punidos ou até mesmo mortos. Independentemente de quão injustas ou cruéis fossem as circunstâncias, os israelitas foram forçados a obedecer e trabalhar sem pagamento. Eles eram prisioneiros do faraó e dos egípcios.**

5. Bexiga – Diga: **quando Moisés lhes disse que Deus os libertaria, os israelitas ficaram animados!** Encha a bexiga, mas não a amarre. Diga: **Assim como esta bexiga está cheia de ar, eles ficaram cheios de esperança.** Solte um pouco do ar da bexiga. Diga: **Quando faraó se recusou a deixá-los ir, eles ficaram desencorajados. Mas quando o faraó ordenou-lhes que pegassem a sua própria palha, mas ainda cumprissem a sua cota, eles perderam toda a esperança.** Solte o resto do ar.

6. Foto orando ou estatueta – Diga: **Moisés ficou desencorajado também. Então Moisés orou a Deus e Deus respondeu a sua oração. Deus assegurou a Moisés que Ele manteria a sua promessa de libertar o povo.**

7. Diga: **Agora é a sua vez de contar a história.** Coloque os itens dentro da mala. Peça às crianças que se revezem e escolham um item da mala, sem olhar. Peça para elas explicarem o que isso significa ou para rever o gesto para facilitar a memorização. Depois que todos os itens forem removidos, peça às crianças que os coloquem na ordem correta da história.

📖 LIÇÃO BÍBLICA

Dicas de aprendizado

Ao liderar o estudo bíblico, enfatize estas ideias

· Deus nem sempre trabalha com a rapidez que queremos, ou da maneira que esperamos. Quando isso acontece, é uma reação humana se sentir desencorajado.

· Quando Moisés ficou desanimado, ele falou honestamente com Deus. Quando falamos honestamente com Deus, devemos estar prontos para receber o seu encorajamento e ajuda.

Leia as Escrituras

Leia Êxodo 5:1 — 6:9 em voz alta.

Perguntas para Discussão

Discuta a história e faça as seguintes perguntas às crianças. Lembre-se de que pode não haver uma resposta certa ou errada.

1. **Se você fosse um israelita, como se sentiria se, de repente, tivesse que recolher a sua própria palha, mas tivesse que fabricar o mesmo número de tijolos todos os dias?**

2. **Moisés fez a coisa certa quando ele se queixou a Deus sobre o que estava acontecendo? Por quê ou por quê não?**

3. **O versículo para memorizar de hoje diz que Deus ouviu o gemido dos israelitas. Deus ouve as suas orações? Como você sabe?**

4. **Em Êxodo 6:9, os israelitas ficaram desanimados e não ouviram o que Moisés disse. Seria difícil confiar em Deus nesta situação? Por quê ou por quê não?**

5. **Imagine que você fosse Moisés. Você gostaria de continuar como porta-voz de Deus depois do que aconteceu na lição de hoje? Explique a sua resposta.**

Pensamentos Finais

Este é o pensamento que você quer que as crianças se lembrem.

Diga: **Deus tranquilizou o seu povo em uma situação difícil. Você já tentou fazer a coisa certa, mas teve resultados ruins? Moisés fez exatamente o que o Senhor lhe pediu para fazer. Seus esforços fizeram com que uma situação ruim piorasse. Os israelitas sofreram ainda mais! Depois, o que Moisés fez? Ele falou com Deus sobre os seus problemas. O Senhor assegurou a Moisés que ele cumpriria a sua promessa. Faraó não poderia arruinar os planos de Deus.**

Quando você serve ao Senhor e surgem circunstâncias ruins, faça o que Moisés fez. Fale com o Senhor sobre a situação. Você sentirá a presença dele. Ele vai tranquilizar você!

☑ ATIVIDADE PARA MEMORIZAR O VERSÍCULO

Veja a página "Atividades para memorizar versículos" com sugestões que ajudarão as crianças a aprenderem o versículo para memorização.

🧩 ATIVIDADES COMPLEMENTARES

Para aprender mais sobre o antigo Egito e a cultura na qual os israelitas viviam, considere estas opções.

1. Pesquise como os antigos israelitas faziam tijolos de barro e palha. Tente fazer alguns tijolos usando o mesmo método.

2. Use o diálogo desta lição para escrever um pequeno teatro. Inclua o faraó, Moisés, Arão, os capatazes israelitas e os condutores de escravos egípcios como personagens. Grave em vídeo, se possível.

3. Pesquise as cidades-armazéns antigas de Pithom e Ramsés. Para que elas foram usadas?

Jogo de Quebra-cabeças

Você vai precisar de

- Quatro quebra-cabeças grandes, dois para cada equipe.

- Coloque dois quebra-cabeças, separadamente na mesa.

Crie duas equipes de crianças. Se você tiver um grupo grande de crianças, divida-as em mais de duas equipes. Forneça dois quebra-cabeças adicionais para cada grupo. Diga aos grupos que eles terão que completar o jogo. Mantenha o controle do tempo. Em seguida, desmonte cada quebra-cabeça e misture as peças dos dois quebra-cabeças. Diga às equipes para, mais uma vez, completar ambos os quebra-cabeças.

Pergunte às crianças se era mais fácil ou mais difícil juntar cada quebra-cabeças pela segunda vez? Por quê? Permita que as crianças compartilhem as suas ideias. Pergunte como elas se sentiriam se fosse esperado que completassem os dois jogos tão rapidamente quanto completassem apenas um quebra-cabeça. Elas poderiam fazer isso? Seria fácil?

Diga às crianças que os israelitas se sentiram desencorajados e sem esperança. Eles estavam acostumados a ter a palha para os seus tijolos fornecidas a eles. Então eles tiveram que encontrar a sua própria palha mas faziam o mesmo número de tijolos todos os dias. Foi muito mais difícil e demorou muito mais. Em nosso estudo, vimos como os israelitas lidaram com esse problema.

Outras opções

Deixe que os voluntários representem as seguintes cenas da história. Ou deixe as crianças escolherem outra parte da lição.

- Moisés e Arão conversando com o faraó.

- Faraó dando novas direções cruéis para os escravistas e capatazes dos escravos.

- Os escravos israelitas falando sobre as más notícias que receberam.

- Moisés tentando encorajar os escravos e os israelitas e como eles reagiram a ele.

OU

Crie uma figura de barro para representar alguém da lição de hoje. Alguns exemplos são faraó rejeitando o pedido de Moisés e Arão, ou Moisés em oração ao Senhor.

ATIVIDADE PARA CRIANÇAS MAIS VELHAS

1. Diga aos alunos que você espera que eles desenhem uma imagem simples em uma placa ou em um grande pedaço de papel. Um de cada vez, convide a criança a vir até você. Coloque uma venda nos seus olhos. Diga a criança que você quer que ela desenhe algo simples, como um vegetal ou uma flor, mas ela não deve usar a sua mão dominante. A mão dominante é aquela que normalmente usamos para escrever, desenhar ou jogar. Depois, pergunte aos alunos como eles se sentiram quando tiveram os olhos vendados. Depois pergunte como eles se sentiram quando receberam um obstáculo adicional de desenhar com a mão não dominante. Discuta como os israelitas passaram por uma situação semelhante.

2. Pergunte: **Você já acreditou que obedeceu a Deus, mas as coisas não aconteceram como você esperava? Como você se sentiu? O que você fez? No estudo bíblico de hoje, o que Moisés fez quando se sentiu desencorajado? O que aconteceu como resultado? O que você diria a outros alunos que estão desanimados e cheios de dúvidas?**

TREINAMENTO PARA A GINCANA BÍBLICA

Veja a seção "Perguntas para a Gincana Bíblica" para as perguntas práticas do grupo vermelho e azul para esta lição.

CAJADOS, COBRAS E FEITICEIROS

Êxodo 6:28 — 7:24

VERSÍCULO PARA MEMORIZAR

"Do Senhor é a terra e tudo o que nela existe, o mundo e os que nele vivem".
Salmos 24:1

VERDADES SOBRE DEUS

*Esta lição ensinará as seguintes verdades sobre Deus. O asterisco * indica a principal verdade que você deve ensinar às crianças.*

* Deus usou as pragas para mostrar o seu poder.

· Deus muitas vezes dá às pessoas muitas chances para fazerem a coisa certa.

· Deus espera que o seu povo lhe obedeça.

FOCO DA LIÇÃO E RESUMO

Neste estudo, as crianças aprenderão como Deus usou as pragas para mostrar seu poder.

1. O Senhor disse que o faraó não dava ouvidos a Moisés e a Arão.

2. Arão jogou o cajado no chão e este se transformou em uma cobra.

3. Quando Arão atingiu a água do rio Nilo, o Nilo e toda a água do Egito se transformou em sangue.

4. Mas o cajado de Arão consumiu todos os sinais dos feiticeiros.

CONTEXTO BÍBLICO

Esta lição concentra-se nos dois primeiros encontros miraculosos entre o Senhor e faraó. Os feiticeiros do faraó foram capazes de duplicar os dois primeiros milagres. A capacidade dos feiticeiros para imitar esses milagres fez com que faraó acreditasse que o Senhor era apenas outro deus local e não o único Deus verdadeiro.

No primeiro milagre, o cajado de Arão se tornou uma cobra. Os feiticeiros do faraó também transformaram os seus cajados em cobras. Mas a cobra deles foi comida pela cobra de Arão. Isso provou que o milagre de Deus era mais poderoso que a magia deles. Mas, como Deus predisse, faraó teimosamente recusou-se a admitir que o Senhor Deus era maior do que ele, ou seus deuses.

O segundo milagre foi o primeiro das dez pragas. Arão atingiu o Nilo com o seu cajado. Isso fez com que a água se transformasse em sangue. A vida no Egito dependia do rio Nilo. O deus egípcio do Nilo era chamado Hapi.

Hapi recebeu crédito pela grandeza do Nilo. O propósito deste milagre foi provar que Hapi era inferior ao Senhor Deus. Mas mais uma vez, os feiticeiros conseguiram duplicar o milagre de Deus com magia. Mais uma vez, faraó recusou-se a reconhecer a superioridade e autoridade de Deus.

VOCÊ SABIA?

Hapi era o antigo deus egípcio do Nilo. As pessoas acreditavam que Hapi vivia em uma caverna na nascente do rio Nilo. Eles acreditavam que os crocodilos e os sapos o alimentavam. Em desenhos, ele parecia um homem grande e gordo que estava coberto de lama azul, preta ou verde do rio.

VOCABULÁRIO

Palavras de Fé

Adoração é dizer e mostrar a Deus que nós O amamos mais do que qualquer um ou qualquer outra coisa.

Pessoas

Sábios, **feiticeiros** e **magos** eram homens treinados em magia egípcia. Eles tinham conhecimento acerca dos deuses egípcios.

Termos

Um **profeta** é alguém que Deus escolheu para receber as suas mensagens. Um profeta também compartilha as mensagens de Deus com as pessoas.

As **ciências ocultas** são poderes ou atividades misteriosas que às vezes são chamadas de mágicas.

ATIVIDADE PARA CONTAR A HISTÓRIA

Toda semana você usará os dois primeiros itens.

1. A mala de viagem da lição 1

2. O contêiner de armazenamento (saco, cesto ou caixa). Armazene os itens das lições anteriores neste contêiner toda semana.

3. Itens para a história de hoje

- Massinha endurecida ou argila

- Uma cobra de borracha

- Líquido vermelho em um copo tampado

- Uma vara (para representar o cajado dos feiticeiros)

Antes da aula

- Leia Êxodo 6:28 — 7:24

- Reúna os itens para a história de hoje. Substitua uma imagem por qualquer item não disponível.

- Transfira todos os itens das aulas anteriores da mala de viagem para o contêiner de armazenamento. Coloque isso ao lado da área onde a história será contada.

- Coloque os itens da história de hoje dentro da mala de viagem. Coloque a mala de viagem na área onde a história será contada.

Atividade de Abertura: Siga o Líder

Diga às crianças para formarem uma fila, uma atrás da outra. Escolha uma criança para ser o líder. Diga às crianças que elas devem observar o líder e imitar tudo o que o líder fizer. O líder lidera o grupo pela sala. Ele ou ela usa gestos, sons ou caminhos diferentes para as crianças imitarem. Por exemplo, o líder anda como um bebê, com passos largos ou saltos. Termine o jogo na área onde a história será contada.

Revisão Opcional da Lição

Peça a um voluntário para selecionar um item do contêiner de armazenamento e explique o que ele representou na lição anterior.

Hora da história: leia estas instruções antes de começar.

1. Conte a história com suas próprias palavras. Remova cada item da mala enquanto você ilustra um ponto principal. Concentre-se nos pontos principais. Se você estiver confortável, inclua mais detalhes. Se necessário, use o roteiro sugerido.

2. Ao contar a história, exiba cada item na ordem em que está listado. Coloque-os onde as crianças possam ver.

3. Depois de contar a história, coloque todos os itens dentro da mala novamente.

4. Para revisar a história, remova o primeiro item. Peça a um voluntário para dizer o que ele representa. Mostre este item. Repita este processo até que a história seja recontada.

5. Revise os gestos descritos abaixo para facilitar a memorização. Demonstre este gesto toda vez que você mencionar o que ele representa.

6. Diga: **Esta semana, nossa expedição nos leva ao próprio faraó, o rei de uma das nações mais poderosas da época. Eu tenho três objetos em nossa mala de viagem que se relacionam com o faraó, Deus e os israelitas.** Pegue os itens enquanto conta a história.

Os pontos principais em ordem

1. Massinha endurecida ou argila – Diga: **o Senhor disse que faraó não escutaria Moisés e Arão, e que o coração do faraó endureceria. Isso foi exatamente o que aconteceu**

2. Uma cobra de borracha – Diga: **O Senhor deu a Moisés a capacidade de fazer sinais e maravilhas. Ele permitiu que o irmão de Moisés, Arão, o ajudasse. Quando Arão derrubou o seu cajado,**

ele se tornou uma cobra. Os feiticeiros do faraó também fizeram o mesmo. O faraó não deu ouvidos, mesmo quando a cobra de Arão comeu as cobras dos feiticeiros.

3. Gestos Para Facilitar a Memorização - Peça às crianças que coloquem as mãos nos ouvidos para representar que faraó não ouvia. Ou convide as crianças a pensar em outro movimento. Diga: **enquanto eu conto a história, faça esse movimento quando você ouvir o que ele representa.**

4. Líquido vermelho em um copo fechado – Diga: **Em seguida, Arão tocou a água do Nilo, e ela se transformou em sangue.**

5. Uma vara – Diga: **o faraó ainda não ouviu porque os seus feiticeiros e sábios fizeram a mesma coisa com as suas ciências ocultas.**

6. Diga: **Agora é a sua vez de contar a história.** Coloque os itens dentro da mala. Peça às crianças que se revezem e escolham um item da mala, sem olhar. Peça para elas explicarem o que isso significa ou para rever o gesto para facilitar a memorização. Depois que todos os itens forem removidos, peça às crianças que os coloquem na ordem correta da história.

LIÇÃO BÍBLICA

Dicas de aprendizado

Ao liderar o estudo bíblico, enfatize estas ideias

- O Senhor fez os milagres, não Arão ou Moisés.

- Os eventos aconteceram exatamente como o Senhor disse que aconteceriam.

- Moisés e Arão obedeceram a cada nova instrução de Deus e fizeram tudo como o Senhor ordenou. (7:6,20)

Leia as Escrituras

Leia Êxodo 6:28 — 7:24 em voz alta.

Perguntas para Discussão

Discuta a história e faça as seguintes perguntas às crianças. Lembre-se de que pode não haver uma resposta certa ou errada.

1. Leia Êxodo 7:2. Imagine se você fosse Moisés e Arão. Você sentiria medo de contar a faraó o que o Senhor ordenou? Como você acha que Moisés e Arão se sentiram?

2. Qual foi o primeiro milagre que Arão realizou? O que aconteceu para mostrar que o Senhor era mais poderoso que os feiticeiros egípcios?

3. O que o Senhor disse a Moisés em Êxodo 7:14? O que isso significa?

4. Leia Êxodo 7:6 e 7:20. Deus fez sinais e maravilhas. Mas ele trabalhou através de

Moisés e Arão. O que eles eram responsáveis em fazer?

5. Leia Êxodo 7:22. Os feiticeiros fizeram as mesmas coisas que Deus fez através de Moisés e Arão. Depois, como você acha que Moisés e Arão se sentiram? Era mais fácil ou mais difícil continuar confiando em Deus? Por quê?

Pensamentos Finais

Este é o pensamento que você quer que as crianças se lembrem.

Diga: **Deus usou as pragas para mostrar o Seu poder.**

Quem era mais forte, um feiticeiro humano ou o Senhor? No começo, parecia que os feiticeiros egípcios eram tão poderosos quanto Deus. Mas eles não eram. Às vezes, outras coisas ou pessoas parecem ser mais poderosas que Deus. Mas isso é uma ilusão. A verdade é que Deus é maior e mais poderoso. Ele sabe mais do que ninguém ou qualquer coisa. A Bíblia diz em Êxodo 7:6 e 7:20, que Moisés e Arão obedeceram tudo que o Senhor instruiu. Eles obedeceram e confiaram em Deus.

Deus é capaz de mostrar o seu poder para você também. Provavelmente não aparecerá através de pragas. Mas se você confiar e obedecer a Ele, experimentará o poder de Deus em sua vida.

ATIVIDADE PARA MEMORIZAR O VERSÍCULO

Veja a página "Atividades para memorizar versículos" com sugestões que ajudarão as crianças a aprenderem o versículo para memorização.

ATIVIDADES COMPLEMENTARES

Peça às crianças que façam desenhos que ilustrem as cenas da história bíblica. Permita que as crianças escolham quais cenas para ilustrar. Aqui estão três das muitas opções possíveis.

· O cajado de Arão transformando-se em uma cobra.

· Os cajados dos feiticeiros transformando-se em cobras.

· A cobra de Arão engolindo as outras cobras.

Exiba os desenhos das crianças nas paredes da sala de aula.

Um coração duro é como...

Você vai precisar de

· Massinha de várias cores

· Um recipiente com uma tampa

Preparo

Divida em dois as massinhas de cores diferentes. Mantenha metade da massinha em um recipiente fechado para mantê-la macia e maleável. Subdivida a outra metade da massinha em pequenas bolinhas. Faça uma bolinha para cada criança. Deixe-as durante a noite ou pelo tempo que for necessário para que elas se endureçam.

Dê a cada criança uma bolinha dura de massinha. Peça às crianças que tentem fazer um formato de coração. Em seguida, dê às crianças a massinha flexível. Peça-lhes para moldá-la na forma de um coração. Discuta qual massinha foi mais fácil de moldar em um coração e por quê. Diga: **A Bíblia diz que o coração de faraó se endureceu.** Pergunte: **O coração do faraó se parecia com essa massinha endurecida?** Espere as crianças compartilharem as suas respostas. **Seu coração não podia ser moldado ou guiado por algo que Deus fizesse. Hoje, aprendemos o que aconteceu com os israelitas quando o coração de faraó se endureceu.**

ATIVIDADE PARA CRIANÇAS MAIS VELHAS

1. Diga aos alunos: **Este é um desafio para ver se você pode fazer o que eu faço.** Faça um movimento louco e faça com que os alunos imitem você. Escolha um aluno para liderar um movimento. Permita que os alunos se revezem fazendo movimentos para o grupo imitar.

2. Diga aos alunos: **Os feiticeiros do faraó foram bons em duplicar o que Moisés e Arão faziam.** Discuta o que os feiticeiros fizeram. O que os alunos pensaram quando leram que os feiticeiros do faraó duplicaram os milagres de Deus? Diga aos alunos: **Não podemos saber como os feiticeiros puderam copiar os milagres de Deus. Mas nenhum poder é maior que o poder de Deus. Nas próximas lições, aprenderemos o que acontece na disputa entre o único Deus verdadeiro e os falsos deuses do Egito.**

TREINAMENTO PARA A GINCANA BÍBLICA

Veja a seção "Perguntas para a Gincana Bíblica" para as perguntas práticas do grupo vermelho e azul para esta lição.

RÃS, PIOLHOS E MOSCAS... INCRÍVEL!
Êxodo 7:25 — 8:32

VERSÍCULO PARA MEMORIZAR

Saibam que o Senhor escolheu o piedoso; o Senhor ouvirá quando eu o invocar.

Salmos 4:3

VERDADES SOBRE DEUS

*Esta lição ensinará as seguintes verdades sobre Deus. O asterisco * indica a principal verdade que você deve ensinar às crianças.*

* Através das pragas, Deus mostrou que os deuses egípcios eram falsos deuses.

· Deus governa toda a sua criação através do seu poder.

· Deus ouve as orações de seus servos fiéis.

FOCO DA LIÇÃO E RESUMO

Neste estudo, as crianças aprenderão que Deus mostrou que os deuses egípcios eram falsos deuses.

1. O Senhor enviou uma praga de rãs e os feiticeiros imitaram a praga.

2. O Senhor enviou uma praga de piolhos e os feiticeiros não puderam duplicá-los.

3. O Senhor enviou uma praga de moscas que atingiu apenas o Egito e não Gósen.

4. Embora o Senhor tenha enviado Moisés e Arão repetidas vezes para falar com faraó, ele não deixou os israelitas partirem. O coração de faraó estava endurecido.

CONTEXTO BÍBLICO

Nesta passagem, vemos faraó começar a mudar as suas reações diante de Deus. A praga das rãs foi a primeira praga a afetar pessoalmente a faraó. Havia rãs no palácio, rãs em seu quarto, rãs em sua cama e rãs nele! Embora os seus feiticeiros pudessem duplicar a praga das rãs, eles não puderam eliminá-las. Pela primeira vez, faraó pediu ajuda a Moisés. Moisés deixou faraó escolher o tempo para a libertação para provar a grandeza de Deus.

A praga dos piolhos foi a primeira praga que os feiticeiros não puderam duplicar. Eles admitiram que Deus era maior que eles e todos os seus deuses. Mas faraó continuou a resistir a Deus.

Na quarta praga, o Senhor enviou um enorme enxame de moscas ao Egito e controlou para onde iriam. O Senhor ordenou a hora e o lugar exatos da praga. Ele fez com que os israelitas não tivessem contato com as moscas. Ele fez isso para provar o seu poder. Desta vez, faraó tentou barganhar com Moisés. Ele concordou em deixar os israelitas adorarem a Deus no Egito,

mas Moisés recusou. Faraó concordou então em deixar os israelitas saírem do Egito por três dias para adorar a Deus e pediu a Moisés que orasse por ele. Mas quando a praga foi suspensa, o faraó quebrou a sua promessa.

Isso geralmente acontece quando pessoas que não conhecem a Deus precisam da ajuda dele. Eles imploram a Deus e aos outros por ajuda e prometem mudar. Mas, depois que eles recebem ajuda e o problema passa, eles quebram a sua promessa e retornam aos seus velhos hábitos.

VOCÊ SABIA?

Em grandes números, piolhos e moscas são muito perigosos. Eles comem plantas e prejudicam as colheitas, especialmente o trigo. Eles espalham doenças para animais e pessoas e deixam para trás muitas larvas. As larvas são vermes que se tornam piolhos ou moscas.

VOCABULÁRIO

Palavras de Fé

O **poder de Deus** é maior e mais forte que qualquer um ou qualquer coisa. Deus pode fazer qualquer coisa.

Termos

Os **piolhos** são muito pequenos, insetos que são semelhantes a pequenas moscas.

A **amassadeira** era uma tigela grande que era usada para misturar massa de pão. Depois que a massa era misturada com o fermento, ela é deixada de lado para inchar e crescer.

ATIVIDADE PARA CONTAR A HISTÓRIA

Toda semana você usará os dois primeiros itens.

1. A mala de viagem da lição 1

2. O contêiner de armazenamento (saco, cesto ou caixa). Armazene os itens das lições anteriores neste contêiner toda semana.

3. Itens para a história de hoje

• Sete balas vermelhas ou M&M's

• Uma rã de brinquedo ou de pelúcia

• Um mata-moscas

• Barro ou massinha

Antes da aula

• Leia Êxodo 7:25 — 8:32

• Reúna os itens para a história de hoje. Substitua uma imagem por qualquer item não disponível.

• Transfira todos os itens das aulas anteriores da mala de viagem para o contêiner de armazenamento. Coloque isso ao lado da área onde a história será contada.

• Coloque os itens da história de hoje dentro da mala de viagem. Coloque a mala de viagem na área onde a história será contada.

Atividade de Abertura: Siga o Líder

Diga às crianças para formarem uma fila, uma atrás da outra. Escolha uma criança para ser o líder. Diga às crianças que elas devem observar o líder e imitar tudo o que o líder fizer. O líder lidera o grupo pela sala. Ele ou ela usa gestos, sons ou caminhos diferentes para as crianças imitarem. Por exemplo, o líder anda como um bebê, com passos largos ou saltos. Termine o jogo na área onde a história será contada.

Revisão Opcional da Lição

Peça a um voluntário para selecionar um item do contêiner de armazenamento e explique o que ele representou na lição anterior.

Hora da história: leia estas instruções antes de começar.

1. Conte a história com suas próprias palavras. Remova cada item da mala enquanto você ilustra um ponto principal. Concentre-se nos pontos principais. Se você estiver confortável, inclua mais detalhes. Se necessário, use o roteiro sugerido.

2. Ao contar a história, exiba cada item na ordem em que está listado. Coloque-os onde as crianças possam ver.

3. Depois de contar a história, coloque todos os itens dentro da mala novamente.

4. Para revisar a história, remova o primeiro item. Peça a um voluntário para dizer o que ele representa. Mostre este item. Repita este processo até que a história seja recontada.

5. Revise os gestos descritos abaixo para facilitar a memorização. Demonstre este gesto toda vez que você mencionar o que ele representa.

6. Diga: **Continuamos em nossa expedição para explorar o livro de Êxodo. Coloquei em nossa mala de viagem ferramentas que precisaremos. Hoje nossa jornada começa com...** Pegue os itens enquanto conta a história.

Os pontos principais em ordem

1. Balas Vermelhas ou M&M's – Diga: **Na primeira praga, Deus transformou as águas do Nilo em sangue.**

2. Uma rã de brinquedo ou rã de pelúcia – Diga: **Sete dias depois que o Senhor atingiu o rio Nilo, Ele deu ao faraó outra chance de obedecê-lo. Faraó recusou e Deus enviou uma praga de rãs. As rãs saíram do Nilo e saltaram por toda a terra. Elas estavam por toda parte! Os feiticeiros também fizeram rãs saírem do Nilo. Faraó disse que o povo poderia ir e disse a Moisés para orar a Deus para remover as rãs. Moisés obedeceu, e todas as rãs morreram exatamente onde estavam. Logo a terra fedia. As rãs foram empilhadas em enormes pilhas. Faraó quebrou a sua promessa de deixar o povo ir.**

3. Mata-moscas – Diga: **Depois da praga das rãs, o Senhor enviou a praga dos piolhos. Arão bateu no chão e a poeira se transformou em piolhos. Desta vez, os feiticeiros não puderam duplicar o milagre. Com espanto, eles disseram: "Esta é a mão de Deus". Depois que os piolhos foram embora, Deus ofereceu** a faraó outra chance de obedecê-lo. **Faraó recusou e Deus enviou a praga das moscas. Eles invadiram todo o Egito, exceto na terra de Gósen, onde os israelitas viviam. Deus protegeu os israelitas das moscas.**

4. Barro endurecido ou massinha – Diga: **Faraó ainda não tinha ouvido o que Moisés e Arão disseram. Ele não obedecia ao mandamento de Deus de deixar o povo ir. Como argila macia que é exposta ao sol e ao vento, o coração de faraó se endureceu.**

5. Gestos Para Facilitar a Memorização - mostre às crianças como flexionar os músculos do braço. Isso representa que as pragas demonstraram o poder de Deus. Ou convide as crianças a pensarem em outro movimento. Diga: **Enquanto eu conto a história, faça esse movimento quando você ouvir o que ele representa.**

6. Diga: Agora é a sua vez de contar a história. Coloque os itens dentro da mala. Peça às crianças que se revezem e escolham um item da mala, sem olhar. Peça para elas explicarem o que isso significa ou para rever o gesto para facilitar a memorização. Depois que todos os itens forem removidos, peça às crianças que os coloquem na ordem correta da história.

📖 LIÇÃO BÍBLICA

Dicas de aprendizado

Ao liderar o estudo bíblico, enfatize estas ideias

· Cada praga destruiu algo no Egito e enfraqueceu a nação.

- Os feiticeiros egípcios reconheceram que o poder de Deus causou as pragas.

- A teimosia do faraó causou grande e desnecessário sofrimento para ele e para os egípcios.

Leia as Escrituras

Leia Êxodo 7:25 — 8:32 em voz alta.

Perguntas para Discussão

Discuta a história e faça as seguintes perguntas às crianças. Lembre-se de que pode não haver uma resposta certa ou errada.

1. Como você acha que Moisés se sentiu quando ele orou e o Senhor parou as pragas de rãs e moscas?

2. Imagine que você fosse um israelita. O que você pensaria quando soubesse que os feiticeiros egípcios não podiam produzir piolhos do pó?

3. Leia Êxodo 8:22. Nesta praga, o que o Senhor fez diferente para os israelitas? Por que Ele fez isso?

4. Imagine se milhões de rãs, piolhos ou moscas enchessem a sua cidade, município ou vila. Como seria a vida?

5. O que você diria a faraó se você fosse um feiticeiro egípcio que viu Deus fazer coisas que você e seus deuses não podiam fazer?

Pensamentos Finais

Este é o pensamento que você quer que as crianças se lembrem.

Diga: **Através das pragas, Deus mostrou que os deuses egípcios eram falsos deuses.**

O Egito foi uma das nações mais poderosas do mundo. Eles tinham o melhor exército e muito dinheiro. Eles até pensaram que eles tinham os melhores deuses. Os feiticeiros pensaram que podiam fazer qualquer coisa que Deus fizesse. Eles ficaram surpresos quando não conseguiram transformar pó em piolhos. Apenas o Senhor Deus governa toda a criação. Só Ele pode fazer com que tudo se ajuste à sua vontade. Quando Deus enviou a praga dos piolhos, os feiticeiros perceberam que Deus era mais poderoso que os seus deuses. Os feiticeiros também sabiam que Deus era mais poderoso que eles.

Quando as moscas enxameavam apenas no Egito e não em Gósen, isso mostrou que o Senhor controlava essa praga. Também mostrou que Ele protegeria o seu povo. O Senhor mostrou a faraó e a todos os egípcios que Ele era o único Deus verdadeiro. Ele era, é, e sempre será o único Deus verdadeiro.

✓ ATIVIDADE PARA MEMORIZAR O VERSÍCULO

Veja a página "Atividades para memorizar versículos" com sugestões que ajudarão as crianças a aprenderem o versículo para memorização.

🧩 ATIVIDADES COMPLEMENTARES

Para aprender mais sobre o antigo Egito e a cultura na qual os israelitas viviam, considere estas opções.

1. Se possível, pesquise na Internet e aprenda sobre a antiga divindade egípcia Heket. Isso era um deus ou deusa? Qual era a aparência dele ou dela? Que poder os egípcios acreditavam que Heket tinha? Como o Senhor mostrou que Ele era mais poderoso do que Heket? (**Pais e professores**: analisem os websites antes de recomendá-los para as crianças.)

2. Tente descobrir por que as pragas dos piolhos e moscas eram tão prejudiciais ao Egito? O que provavelmente os piolhos e moscas mais destruíram? Como isso afetou a economia egípcia (rendas)? Descubra como piolhos e moscas afetam as pessoas e as culturas.

Encene as pragas

Escolha três crianças para desempenharem os papéis de Moisés, Arão e faraó. O restante das crianças representará o papel dos egípcios. Conte brevemente a história ou leia-a nas escrituras. Peça às crianças que representem as partes à medida que forem sendo lidas. Ajude as crianças que são os egípcios a pensar em maneiras criativas de representar cada uma das diferentes pragas. Pergunte como elas reagiriam a essas pragas. Pergunte às crianças qual das pragas eles acham que seria a pior para os egípcios. Pergunte às crianças por que acham que Deus permitiu que os egípcios sofressem tanto. Diga: **Deus quis mostrar a eles que Ele é o único Deus verdadeiro. Ele queria que eles soubessem que Ele é poderoso e forte.**

Opção de arte

Você vai precisar de

· Uma imagem emoldurada de sua escolha

· Papel para desenhar

· Giz de cera

Coloque a imagem emoldurada onde as crianças possam ver. Dê a cada criança papel e giz de cera. Diga às crianças que elas têm dois minutos para criar uma cópia exata da imagem. Não dê outra explicação. Depois, pergunte às crianças se a imagem delas é exatamente igual à imagem da emoldurada. Permita que as crianças respondam. Diga: **Foi impossível para você fazer uma cópia exata desta foto. Você só tinha giz de cera e papel. Esta semana aprendemos que ninguém no Egito poderia duplicar tudo o que Deus fez. Só Deus tem o poder de controlar a natureza.**

ATIVIDADE PARA CRIANÇAS MAIS VELHAS

Você vai precisar de papel e um lápis para cada aluno

Diga: **Deus abençoou o Egito quando José estava vivo. Mais tarde, os egípcios oprimiram os israelitas, e Deus trouxe pragas que tiraram as suas bênçãos. Deus mostrou aos egípcios que eles não podiam confiar em seus deuses, suas águas, suas colheitas, seus rebanhos, sua saúde, sua riqueza ou seu poder.**

1. Peça aos alunos que discutam em quem ou no que eles confiam para ter uma boa vida. Pergunte: **Estas coisas são confiáveis?**

2. Peça aos alunos que escrevam isso em um pedaço de papel. "Deus, ensina-me a confiar em você, em vez de _____". Peça-lhes que escrevam uma lista de coisas ou pessoas em quem confiam, em vez de confiar em Deus. Convide-os a compartilhar as suas listas. Em seguida, peça-lhes que continuem escrevendo sobre porque podem confiar em Deus para cuidar de suas necessidades.

Diga: **Quando confiamos em Deus, Ele cuida de nós. Quando confiamos em alguém ou em qualquer outra coisa, muitas vezes ficamos desapontados.**

TREINAMENTO PARA A GINCANA BÍBLICA

Veja a seção "Perguntas para a Gincana Bíblica" para as perguntas práticas do grupo vermelho e azul para esta lição.

FARAÓ... FARAÓ... DEIXE MEU POVO IR!

Êxodo 9:1-35

VERSÍCULO PARA MEMORIZAR

Todos os caminhos do homem lhe parecem justos, mas o Senhor pesa o coração.

Provérbios 21:2

VERDADES SOBRE DEUS

*Esta lição ensinará as seguintes verdades sobre Deus. O asterisco * indica a principal verdade que você deve ensinar às crianças.*

* Não há ninguém como o Senhor em toda a terra.

· Deus tem poder sobre o clima, animais e até os reis.

· Deus tem um propósito para tudo que Ele faz.

FOCO DA LIÇÃO E RESUMO

Neste estudo, as crianças aprenderão que Deus é todo poderoso.

1. O Senhor poderia ter destruído instantaneamente o Egito e todos que estavam nele.

2. Em vez disso, o Senhor propositalmente enviou Moisés e Arão para pedir permissão a faraó para sair. Isso mostra que faraó tinha alguma autoridade terrena. Através da disputa entre faraó, seus feiticeiros e Deus, o Senhor mostrou que Ele era todo poderoso.

3. Faraó ainda recusou o pedido dos israelitas de deixar o Egito.

4. O Senhor enviou mais três pragas: a morte dos rebanhos, feridas purulentas e granizo.

CONTEXTO BÍBLICO

Êxodo 9:16 diz: "mas eu o mantive de pé exatamente com este propósito: mostrar-lhe o meu poder e fazer que o meu nome seja proclamado em toda a terra." Este importante versículo revela o plano mestre de Deus.

Ao contrário do que os egípcios acreditavam, eles não eram grandes por causa de seus deuses ou seu faraó. Deus trouxera sucesso ao Egito, apesar de sua rejeição. Ele queria provar a eles e através deles que não há ninguém como Ele em toda a terra (9:14). Chegou a hora de o mundo aprender que Deus é o Deus supremo. Não há nada que Ele não possa fazer. Ele governa a terra e todas as nações. Seu povo obediente experimenta seu cuidado enquanto os seus inimigos desobedientes enfrentam terríveis consequências.

Um versículo chave nesta lição é Êxodo 9:30. É a primeira vez que a frase "temer o Senhor" é usada na Bíblia. Significa respeitar quem é Deus e o que Ele pode fazer ou enfrentar as consequências da desobediência! Faraó e seus oficiais não temiam o Senhor. Eles eram orgulhosos e desobedientes. O chamado para temer o Senhor é um lembrete para dar a Deus uma resposta respeitosa. Ele merece nossa adoração, devoção, serviço e amor.

VOCÊ SABIA?

Haap, também conhecido como Apis, era o deus do touro egípcio. Os egípcios escolheram um touro de verdade para representar Haap. Eles deram a este touro um cuidado extra especial porque acreditavam que Haap protegia o rebanhos. A praga dos rebanhos derrotou esse deus.

VOCABULÁRIO

Palavras de Fé

Pecado é desobedecer a Deus. Nós pecamos quando fazemos algo que sabemos que Deus disse para não fazer. Nós também pecamos quando não fazemos o que Deus disse para fazermos.

Termos

Feridas purulentas são inchaços infectados sob a pele que são muito dolorosos.

Fuligem / cinza é uma substância em pó escura que permanece após um incêndio em uma fornalha, chaminé ou lareira.

ATIVIDADE PARA CONTAR A HISTÓRIA

Toda semana você usará os dois primeiros itens.

1. A mala de viagem da lição 1

2. O contêiner de armazenamento (saco, cesto ou caixa). Armazene os itens das lições anteriores neste contêiner toda semana.

3. Itens para a história de hoje

- Uma vaquinha de brinquedo ou outro animal

- Uma bateria

- Cola

- Uma barra de sabão

- Bolas de algodão

Antes da aula

- Leia Êxodo 9:1-35

- Reúna os itens para a história de hoje. Substitua uma imagem por qualquer item não disponível.

- Transfira todos os itens das aulas anteriores da mala de viagem para o contêiner de armazenamento. Coloque isso ao lado da área onde a história será contada.

- Coloque os itens da história de hoje dentro da mala de viagem. Coloque a mala de viagem na área onde a história será contada.

Atividade de Abertura: Siga o Líder

Diga às crianças para formarem uma fila, uma atrás da outra. Escolha uma criança para ser o líder. Diga às crianças que elas devem observar o líder e imitar tudo o que o líder fizer. O líder lidera o grupo pela sala. Ele ou ela usa gestos, sons ou caminhos diferentes para as crianças imitarem. Por exemplo, o líder anda como um bebê, com passos largos ou saltos. Termine o jogo na área onde a história será contada.

Revisão Opcional da Lição

Peça a um voluntário para selecionar um item do contêiner de armazenamento e explique o que ele representou na lição anterior.

Hora da história: leia estas instruções antes de começar.

1. Conte a história com suas próprias palavras. Remova cada item da mala enquanto você ilustra um ponto principal. Concentre-se nos pontos principais. Se você estiver confortável, inclua mais detalhes. Se necessário, use o roteiro sugerido.

2. Ao contar a história, exiba cada item na ordem em que está listado. Coloque-os onde as crianças possam ver.

3. Depois de contar a história, coloque todos os itens dentro da mala novamente.

4. Para revisar a história, remova o primeiro item. Peça a um voluntário para dizer o que ele representa. Mostre este item. Repita este processo até que a história seja recontada.

5. Revise os gestos descritos abaixo para facilitar a memorização. Demonstre este gesto toda vez que você mencionar o que ele representa.

6. Diga: **Continuamos em nossa expedição para explorar o livro de Êxodo. Coloquei em nossa mala de viagem ferramentas que precisaremos. Hoje nossa jornada começa com...** Pegue os itens enquanto conta a história.

Os pontos principais em ordem

1. Uma vaquinha de brinquedo – Diga: **Depois da praga das moscas, o faraó quebrou a sua promessa de deixar os israelitas partirem. O Senhor enviou uma praga aos rebanhos. Centenas, talvez milhares de vacas, cavalos, camelos, ovelhas e cabras egípcias morreram. Mas nenhum dos que pertenciam aos israelitas morreu.**

2. Bateria – Diga: **Isso é uma fonte de energia. Hoje representará o poder**

do Senhor. O Senhor disse a faraó: "Agora eu poderia ter varrido você e seu povo da terra. Em vez disso, levantei-te para poder mostrar-te o meu poder" (9:15-16).

3. Bolas de algodão – Diga: **Em seguida, o Senhor enviou uma praga de feridas purulentas em pessoas e animais. Finalmente, ele enviou uma forte tempestade de granizo. Agora os animais do Egito estavam mortos, as pessoas estavam doentes com feridas purulentas e suas colheitas foram destruídas pelo granizo.**

4. Cola – Diga: **Apesar dessas pragas, o faraó se recusou a ouvir. Era como se ele estivesse preso (como cola) em um pensamento: "Não importa o que o Senhor faça ou quão ruim fique, eu não deixarei os israelitas partirem."**

5. Gestos Para Facilitar a Memorização - peça às crianças que segurem três dedos. Diga, **esses três dedos representam que Deus enviou mais três pragas.** Ou convide as crianças a pensar em outro movimento. Diga: **Enquanto eu conto a história, faça esse movimento quando você ouvir o que ele representa.**

6. Diga: **Agora é a sua vez de contar a história.** Coloque os itens dentro da mala. Peça às crianças que se revezem e escolham um item da mala, sem olhar. Peça para elas explicarem o que isso significa ou para rever o gesto para facilitar a memorização. Depois que todos os itens forem removidos, peça às crianças que os coloquem na ordem correta da história.

LIÇÃO BÍBLICA

Dicas de aprendizado

Ao liderar o estudo bíblico, enfatize estas ideias

- Deus é poderoso e misericordioso. Deus repetidamente disse a faraó o que aconteceria se ele não obedecesse. Deus deu a faraó a chance para evitar o desastre.

- Em 9:14, o Senhor sugeriu que as pragas chegariam ao fim. A redenção para os israelitas estava à vista.

Leia as Escrituras

Leia Êxodo 9:1-35 em voz alta.

Perguntas para Discussão

Discuta a história e faça as seguintes perguntas às crianças. Lembre-se de que pode não haver uma resposta certa ou errada.

1. O Senhor fez uma distinção entre os rebanhos dos egípcios e dos israelitas (9:2-4). O que isso nos ensina sobre o relacionamento do Senhor com os israelitas?

2. O que Deus diz sobre si mesmo em 9:13-17? Qual afirmação mais te impressiona? Por quê?

3. Como esta descrição de Deus influencia a sua fé e confiança nele?

4. Qual era o propósito de Deus ao lidar com Faraó (9: 15-16)?

5. Leia 9:33-34. O que aconteceu quando Moisés estendeu as suas mãos para o Senhor? O que isso diz sobre o poder de Deus?

Pensamentos Finais

Este é o pensamento que você quer que as crianças se lembrem.

Diga: **Não há ninguém como o Senhor em toda a terra. Ele tem poder sobre o clima, animais e até mesmo os reis.**

Às vezes, é difícil conhecer ou ver Deus em nossas circunstâncias atuais. Ele pode parecer distante e desconectado. Neste estudo, aprendemos que Deus trabalha constantemente em nossas vidas. Não foi por acaso que faraó e o Egito se tornaram tão poderosos. Embora parecesse que faraó tinha controle sobre os israelitas, isso não era verdade. Faraó era parte do plano de Deus.

Deus é o mesmo hoje como foi nos dias do Êxodo. Não há ninguém como o Senhor! Ele sabe mais e tem mais poder que qualquer um ou qualquer coisa. Nada em sua vida está além do poder ou alcance de Deus. Ele pode derrotar os seus inimigos.

ATIVIDADE PARA MEMORIZAR O VERSÍCULO

Veja a página "Atividades para memorizar versículos" com sugestões que ajudarão as crianças a aprenderem o versículo para memorização.

ATIVIDADES COMPLEMENTARES

Para aprender mais sobre o antigo Egito e a cultura na qual os israelitas viviam, considere estas opções.

1. Aprenda sobre a importância do rebanho no antigo Egito. Como as vacas e touros faziam parte da economia egípcia (compra, venda, fazer dinheiro)? Como as vacas e touros eram parte da religião? Escreva um parágrafo dizendo como a praga dos rebanhos mostrou que o Senhor era mais poderoso que os deuses egípcios.

2. Encontre informações sobre granizo. Quão grandes foram as maiores pedras de granizo já encontradas? Como as fortes tempestades e pedras de granizo podem afetar casas, plantações e pessoas?

3. Use gelo e água para recriar o maior granizo já encontrado.

Revisão dos Rebanhos, Feridas Purulentas e Granizo

Leia a história novamente. Faça um círculo com as crianças. Comece contando o primeiro fato da história. A criança à sua direita compartilha um fato adicional em sequência. Continue em volta do círculo até que você revise toda a história. Opção um, se uma criança não puder dar um fato, ele ou ela está fora do jogo. Opção dois, a criança deve repetir o seu fato e também adicionar outro fato a ele.

Distinção

Você vai precisar de

- Um jarro de vidro transparente ou um copo de vidro

- Um copo medidor

- Água

- Óleo vegetal

- Mel

- Três recipientes com tampas

Preparo: Meça quantidades iguais de água, óleo vegetal e mel e despeje cada substância em um recipiente separado com uma tampa. Coloque-os em uma mesa ao lado do jarro.

Pergunte às crianças se todos os líquidos são iguais. Diga: **Eu vou derramar esta água, o mel e o óleo vegetal neste jarro e ver o que acontece.** Despeja quantidades iguais dos líquidos lentamente no jarro e não mexa. Pergunte às crianças o que aconteceu. Diga às crianças que há uma distinção entre cada líquido. Embora sejam todos líquidos, existem diferenças suficientes entre eles que não podem ser misturados. Na história bíblica, descobrimos como o Senhor fez uma distinção entre o povo egípcio e os israelitas.

ATIVIDADE PARA CRIANÇAS MAIS VELHAS

Você vai precisar de

- Uma pistola d'água de brinquedo

- 2 conjuntos de capas à prova d'água. Se necessário, faça uma peça de roupa com grandes sacos plásticos de lixo. Faça um furo no centro da parte inferior do saco que seja grande o suficiente para passar a cabeça e, em seguida, faça dois furos na parte superior das laterais para os braços.

1. Recrute dois voluntários. Silenciosamente diga a alguém para obedecer a todas as direções e a outra para desobedecer.

2. Crie duas equipes com o restante dos alunos. Escolha um dos voluntários para cada equipe. Diga: **Daqui a dois minutos vou esguichar no seu voluntário. Você deve tentar convencê-lo a usar as roupas de proteção e dar instruções.**

3. Depois da atividade, compare os voluntários com os egípcios obedientes e desobedientes

(9:19-21). Peça aos alunos que discutam o que Moisés recomendou para que os rebanhos dos egípcios estivessem seguros durante a tempestade de granizo. Por que Faraó não obedeceu? Por que às vezes desobedecemos a Deus, mesmo que isso nos traga dificuldades?

4. Lidere os alunos em um momento de oração e compromisso de obedecer a Deus.

TREINAMENTO PARA A GINCANA BÍBLICA

Veja a seção "Perguntas para a Gincana Bíblica" para as perguntas práticas do grupo vermelho e azul para esta lição.

O EGITO ESTÁ ARRUINADO!

Êxodo 10:1 — 11:10

VERSÍCULO PARA MEMORIZAR

"Senhor, a tua mão direita foi majestosa em poder. Senhor, a tua mão direita despedaçou o inimigo."

Êxodo 15:6

VERDADES SOBRE DEUS

*Esta lição ensinará as seguintes verdades sobre Deus. O asterisco * indica a principal verdade que você deve ensinar às crianças.*

* ***** Deus continuou dando oportunidades ao Faraó para render-se a Ele.

* · Deus tem poder sobre a vida e a morte.

* · Deus mostra o seu poder para todas as pessoas.

FOCO DA LIÇÃO E RESUMO

Neste estudo, as crianças aprenderão que Deus tem poder sobre tudo e todos.

1. O Senhor continuou falando a faraó através de Moisés.

2. O Senhor enviou uma praga dos gafanhotos. Nada verde permaneceu.

3. O Senhor enviou uma praga das trevas que durou três dias.

4. O Senhor disse que enviaria uma praga aos primogênitos das pessoas e animais. Todos eles morreriam.

CONTEXTO BÍBLICO

Neste texto, Deus continua a demonstrar o seu poder e autoridade. A praga dos gafanhotos e a praga das trevas mostram o seu poder.

O Senhor fez um vento forte soprar um enxame de gafanhotos no Egito. Eles cobriram completamente a terra. Os gafanhotos comeram todas as plantas que sobreviveram da praga do granizo. Isso eliminou o suprimento de comida do Egito. Não haveria comida em lugar nenhum e as pessoas morreriam de fome. As autoridades do faraó pediram para que ele deixasse os israelitas irem embora do Egito, mas ele recusou. Quando os gafanhotos chegaram, faraó confessou que pecara contra o Senhor e contra Moisés. Ele pediu a Moisés que o perdoasse e orasse ao Senhor para remover a praga. Moisés orou e Deus removeu os gafanhotos. Mas faraó ainda não deixou os israelitas partirem.

Na nona praga, o Senhor trouxe três dias de trevas sobre a terra. Os egípcios estavam em total escuridão, mas os israelitas ainda tinham luz.

A escuridão era maior que a noite. Era como a escuridão em uma caverna profunda. A escuridão podia realmente ser sentida. Depois de três dias de total escuridão, a desgraça, o desespero e o medo sentidos pelos egípcios devem ter sido esmagadores. Os egípcios e seus deuses estavam desamparados diante do Deus verdadeiro. Mas faraó ainda resistiu. Então Deus enviou a décima e última praga, a morte dos primogênitos.

VOCÊ SABIA?

Os egípcios adoravam o sol. Rá, Horus e Osíris eram deuses egípcios do sol. Eles também acreditavam que Sekhmet, a deusa do fogo, poderia destruir os inimigos do Egito, matando-os com raios solares. A praga das trevas provou a supremacia de Deus sobre os deuses do sol.

VOCABULÁRIO

Palavras de Fé

Escolhas são decisões que tomamos. Fazemos escolhas certas quando decidimos obedecer a Deus. Nós fazemos escolhas erradas quando desobedecemos a Deus.

Pessoas

Os **oficiais do faraó** eram membros da corte real do faraó, que frequentemente davam conselhos a ele.

Lugares

O **Mar Vermelho** ficava no leste do Egito.

Termos

Um **gafanhoto** é um tipo de inseto. Gafanhotos viajam em enxames, comendo e destruindo plantações.

Lamentação é um longo e alto choro por causa do sofrimento e da miséria.

O **primogênito** é o primeiro filho nascido em uma família.

ATIVIDADE PARA CONTAR A HISTÓRIA

Toda semana você usará os dois primeiros itens.

1. A mala de viagem da lição 1

2. O contêiner de armazenamento (saco, cesto ou caixa). Armazene os itens das lições anteriores neste contêiner toda semana.

3. Itens para a história de hoje

- Um pedaço de papel com a palavra "Memorando" escrito no topo.

- Repelente de insetos.

- Uma lanterna.

- Uma boneca e um animal de brinquedo de pelúcia.

Antes da aula

- Leia Êxodo 10:1 — 11:10

- Reúna os itens para a história de hoje. Substitua uma imagem por qualquer item não disponível.

- Transfira todos os itens das aulas anteriores da mala de viagem para o contêiner de armazenamento. Coloque isso ao lado da área onde a história será contada.

- Coloque os itens da história de hoje dentro da mala de viagem. Coloque a mala de viagem na área onde a história será contada.

Atividade de Abertura: Siga o Líder

Diga às crianças para formarem uma fila, uma atrás da outra. Escolha uma criança para ser o líder. Diga às crianças que elas devem observar o líder e imitar tudo o que o líder fizer. O líder lidera o grupo pela sala. Ele ou ela usa gestos, sons ou caminhos diferentes para as crianças imitarem. Por exemplo, o líder anda como um bebê, com passos largos ou saltos. Termine o jogo na área onde a história será contada.

Revisão Opcional da Lição

Peça a um voluntário para selecionar um item do contêiner de armazenamento e explique o que ele representou na lição anterior.

Hora da história

1. Conte a história com suas próprias palavras. Remova cada item da mala enquanto você ilustra um ponto principal. Concentre-se nos pontos principais. Se você estiver confortável, inclua mais detalhes. Se necessário, use o roteiro sugerido.

2. Ao contar a história, exiba cada item na ordem em que está listado. Coloque-os onde as crianças possam ver.

3. Depois de contar a história, coloque todos os itens dentro da mala novamente.

4. Para revisar a história, remova o primeiro item. Peça a um voluntário para dizer o que ele representa. Mostre este item. Repita este processo até que a história seja recontada.

5. Revise os gestos descritos abaixo para facilitar a memorização. Demonstre este gesto toda vez que você mencionar o que ele representa.

6. Diga: **Continuamos em nossa expedição para explorar o livro de Êxodo. Coloquei em nossa mala de viagem ferramentas que precisaremos. Hoje nossa jornada começa com...** Pegue os itens enquanto conta a história.

Os pontos principais em ordem

1. Papel escrito "Memorando" – Diga: **O Senhor falou com o faraó através de Moisés. Quando Moisés falou a faraó, foi como entregar a ele um memorando escrito por Deus. Tudo o que Moisés disse para faraó foi uma mensagem diretamente de Deus.**

2. Repelente de insetos – Diga: **O faraó recusou-se a obedecer, então o Senhor enviou uma praga de gafanhotos. Os gafanhotos comeram todas as plantas que sobreviveram ao granizo. Nada verde permaneceu. O faraó e seus feiticeiros não podiam matar os gafanhotos. Nada poderia repeli-los. Mas quando Moisés orou, o Senhor trouxe o vento e varreu os gafanhotos para o Mar Vermelho. Ainda assim, o faraó não obedeceria.**

3. Lanterna – Diga: **O Senhor enviou uma praga da escuridão que durou três dias. A escuridão era tão grande que podia ser sentida. Os egípcios não podiam ver ninguém ou sair de suas casas. Mas os israelitas tinham luz. Ainda assim, faraó não deixaria o povo ir. Ele disse** a Moisés para sair de sua vista e nunca mais aparecer diante dele.

4. Boneca e bichinho de pelúcia – Diga: **Antes de Moisés deixar faraó, ele deu a ele mais uma mensagem. O Senhor disse a Moisés que enviaria uma praga a todos os primogênitos de pessoas e animais. Eles iriam morrer. As outras pragas arruinaram a terra, mas essa praga destruiria pessoas e animais.**

5. Gestos Para Facilitar a Memorização - Peça às crianças que cubram os topos de suas cabeças para representar que os gafanhotos e as trevas cobriram o Egito. Ou convide as crianças a pensarem em outro movimento. Diga: **Enquanto eu conto a história, faça esse movimento quando você ouvir o que ele representa.**

6. Diga: **Agora é a sua vez de contar a história.** Coloque os itens dentro da mala. Peça às crianças que se revezem e escolham um item da mala, sem olhar. Peça para elas explicarem o que isso significa ou para rever o gesto para facilitar a memorização. Depois que todos os itens forem removidos, peça às crianças que os coloquem na ordem correta da história.

📖 LIÇÃO BÍBLICA

Dicas de aprendizado

Ao liderar o estudo bíblico, enfatize essas ideias

- O Senhor deu uma razão para as pragas em 10:1-2.

- Algumas crianças podem expressar preocupação com o fato de que Deus endureceu o coração do faraó. Se acontecer, observe as muitas vezes em que o faraó endureceu o seu próprio coração. Explique, que agora Deus estava aceitando e fortalecendo as escolhas que faraó já havia feito com firmeza. Se nós voluntariamente escolhermos desobedecer a Deus, haverá consequências.

Leia as Escrituras

Leia Êxodo 10:1 — 11:10 em voz alta.

Perguntas para Discussão

Discuta a história e faça as seguintes perguntas às crianças. Lembre-se de que pode não haver uma resposta certa ou errada.

1. Leia Êxodo 10:1-2. O que o Senhor queria que os israelitas fizessem e conhecessem? Quão importante é para nós fazer isso e saber disso?

2. Durante a praga dos gafanhotos, o faraó disse que havia pecado e pediu perdão. Ele foi realmente honesto com Deus? Como você sabe disso? (10:16-20)

3. Como a sua vida mudaria se Deus trouxesse uma praga de escuridão total onde você mora?

4. Imagine que você fosse um egípcio morando na escuridão. O que você pensaria quando descobrisse que os israelitas tinham luz onde moravam?

5. O que aprendemos sobre o poder de Deus com as três pragas discutidas neste estudo bíblico?

Pensamentos Finais

Este é o pensamento que você quer que as crianças se lembrem.

Diga: **Deus continuou a dar oportunidades a faraó para render-se a Ele.**

Deus dá segundas chances! A história das pragas é um exemplo de como Deus dá às pessoas muitas oportunidades de obedecê-lo. Antes de cada praga, o Senhor deu a faraó uma oportunidade para deixar os israelitas partirem. Êxodo 34:6 diz: "SENHOR, SENHOR, Deus compassivo e misericordioso, paciente, cheio de amor e de fidelidade."

A paciência de Deus não é ilimitada. Ele quer que nós o conheçamos, amemos e obedeçamos. Deus é um Deus gracioso, mas as pessoas devem aceitar a sua graça e escolher os seus caminhos antes que seja tarde demais.

✓ ATIVIDADE PARA MEMORIZAR O VERSÍCULO

Veja a página "Atividades para memorizar versículos" com sugestões que ajudarão as crianças a aprenderem o versículo para memorização.

🧩 ATIVIDADES COMPLEMENTARES

Para aprender mais sobre o antigo Egito e a cultura na qual os israelitas viviam, considere estas opções.

1. Leia sobre os antigos deuses do sol egípcios Ra, Hórus, Osíris e a deusa Sekhmet. Quais eram os seus poderes? Quão populares eram eles? Como Deus provou que Ele era mais poderoso? Desenhe suas figuras e escreva um parágrafo sobre cada deus.

2. Leia sobre o tipo de gafanhotos que poderiam ter invadido o antigo Egito. Por que os gafanhotos foram tão devastadores para o Egito? Dica: procure por "gafanhotos de deserto".

3. Escureça completamente um quarto. Fique na sala por dois minutos com um cobertor escuro sobre a cabeça. Depois, leia Êxodo 10:1-2 e responda a esta pergunta: Qual era o propósito do Senhor ao enviar as pragas?

Escuridão Total

Você vai precisar de

· Uma venda

· Um casaco de tamanho adulto

Prepare: Coloque a venda e a jaqueta no lugar onde ensina. Se você quiser fazer essa atividade com várias crianças ao mesmo tempo, prepare várias vendas e jaquetas.

1. Peça a um voluntário para usar a venda. Diga: **Vamos aprender sobre a praga da escuridão hoje. Para ter uma ideia de como era escuro para os egípcios, este voluntário tentará usar uma jaqueta sem poder enxergá-la.**

2. Peça à criança para pegar a jaqueta e colocá-la sem qualquer ajuda. A criança deve apertar todos os botões ou fechar os zíperes. Convide tantas crianças para tentar isso quanto o tempo permitir.

3. Depois de algumas tentativas, pergunte às crianças: **Quão difícil foi fazer essa tarefa de rotina sem poder ver? Como você acha que a praga da escuridão afetou os egípcios?**

⊞ ATIVIDADE PARA CRIANÇAS MAIS VELHAS

Pergunte: **Você sabe o que é uma oração de trincheira?** Diga: **Uma trincheira é uma cova que os soldados cavam para se esconder do tiroteio inimigo. Quando o tiroteio se torna intenso, alguns soldados que não adoravam a Deus começavam a orar em suas trincheiras. Eles prometeram a Deus que eles adorariam e obedeceriam se Ele poupasse as suas vidas. Deus respondeu a oração deles, mas depois que o tiroteio parou, eles esqueceram a promessa feita a Ele.**

Na história bíblica de hoje, de quem a oração nos lembra uma oração de trincheira?

Pergunte aos alunos se eles já fizeram uma oração de trincheira? Pergunte: **"Você manteve a sua promessa ou a quebrou? Deus está sempre trabalhando para o nosso bem. Você se comprometerá a obedecer a Deus o tempo todo, não apenas quando as coisas estiverem ruins?"**. Termine em oração.

⊗? TREINAMENTO PARA A GINCANA BÍBLICA

Veja a seção "Perguntas para a Gincana Bíblica" para as perguntas práticas do grupo vermelho e azul para esta lição.

FINALMENTE LIVRE!
Êxodo 12:1-42

VERSÍCULO PARA MEMORIZAR

O Senhor é a minha força e a minha canção; ele é a minha salvação! Ele é o meu Deus e eu o louvarei, é o Deus de meu pai, e eu o exaltarei!

Êxodo 15:2

VERDADES SOBRE DEUS

*Esta lição ensinará as seguintes verdades sobre Deus. O asterisco * indica a principal verdade que você deve ensinar às crianças.*

* Deus libertou fielmente o seu povo da escravidão exatamente como Ele havia prometido.

· Deus vigia cuidadosamente o seu povo.

· Deus por fim e sempre derrota o mal.

FOCO DA LIÇÃO E RESUMO

Neste estudo, as crianças aprenderão que Deus cumpre as suas promessas e cumpre o seu propósito.

1. Deus enviou a última praga, a morte dos primogênitos.

2. Os israelitas celebraram a primeira Festa dos Pães sem Fermento, a Páscoa.

3. Faraó declara que os israelitas poderiam ir.

4. Os israelitas saíram do Egito exatamente da maneira e no tempo em que o Senhor disse que eles sairiam.

CONTEXTO BÍBLICO

Esta lição revela instruções para a Páscoa, a praga da morte dos primogênitos e a saída de Israel do Egito. Esses eventos ensinaram aos israelitas importantes lições sobre Deus e o que Deus esperava deles.

Os israelitas aprenderam que Deus é fiel. Deus prometeu a Abraão centenas de anos antes que Ele traria os descendentes de Abraão do Egito com riquezas. Os descendentes de Abraão escravizados no Egito não sabiam sobre a promessa de Deus a Abraão. Deus veio em seu resgate porque Deus sempre cumpre as suas promessas.

Os israelitas também aprenderam que Deus desejava a sua gratidão e fidelidade. Se eles queriam ser libertos de faraó, então eles tinham que ser fiéis a Deus. Eles tinham que observar a Páscoa se quisessem ser poupados da praga da morte. Eles não podiam se salvar. Para serem salvos, eles tinham que obedecer a Deus.

Os israelitas aprenderam uma terceira lição. Eles deveriam celebrar a Páscoa todos os anos. Na refeição da Páscoa, eles ensinariam a sua história, suas tradições e a bondade de Deus para com a próxima geração.

VOCÊ SABIA?

O povo judeu continua celebrando a Páscoa hoje. Crianças judias jogam um jogo e vasculham as suas casas completamente atrás de fermento.

VOCABULÁRIO

Palavras de Fé

Fiel significa ser fidedigno e confiável. Deus é sempre fiel. Ele é confiável e sempre cumpre as suas promessas. Deus espera que o seu povo seja fiel a Ele.

Pessoas

O **primogênito** é o primeiro menino nascido em uma família.

Termos

Hissopo é um arbusto pequeno e peludo. Suas hastes seguram bem a água quando são agrupadas com suas folhas e flores.

A **Festa dos Pães sem Fermento** é uma celebração de sete dias que inclui a Páscoa. Nesta festa, os israelitas comiam apenas pão sem fermento. Isso lembrava que eles deixaram o Egito rapidamente e não colocaram nenhum fermento no pão. Isso porque eles não podiam esperar que o pão crescesse.

A **Páscoa** é uma festa para celebrar a libertação dos israelitas da escravidão no Egito. É hora de lembrar que Deus passou pelos lares israelitas durante a última praga e poupou da morte os seus primogênitos.

Uma **ordenança** é uma regra ou lei dada pelo Senhor aos israelitas.

Divisões eram grupos de pessoas, provavelmente as 12 tribos de Israel.

Uma **vigília** é um período em que a pessoa está atenta. O Senhor vigiava quando Ele cuidou da segurança dos israelitas.

📖 ATIVIDADE PARA CONTAR A HISTÓRIA

Toda semana você usará os dois primeiros itens.

1. A mala de viagem da lição 1

2. O contêiner de armazenamento (saco, cesto ou caixa). Armazene os itens das lições anteriores neste contêiner toda semana.

3. Itens para a História de hoje

- Uma vela de aniversário em forma de "1"

- Pão pita ou matzo

- Um pedaço de papel escrito "Vai!!!", impresso em verde.

- Um marcador verde

- Uma Bíblia

Antes da aula

- Leia Êxodo 12:1-42

- Reúna os itens para a história de hoje. Substitua uma imagem por qualquer item não disponível.

- Transfira todos os itens das aulas anteriores da mala de viagem para o contêiner de armazenamento. Coloque isso ao lado da área onde a história será contada.

- Coloque os itens da história de hoje dentro da mala de viagem. Coloque a mala de viagem na área onde a história será contada.

- Escreva "Vai!!!" no papel com o marcador. Coloque o papel virado para baixo na área onde a história será contada.

Atividade de Abertura: Siga o Líder

Diga às crianças para formarem uma fila, uma atrás da outra. Escolha uma criança para ser o líder. Diga às crianças que elas devem observar o líder e imitar tudo o que o líder fizer. O líder lidera o grupo pela sala. Ele ou ela usa gestos, sons ou caminhos diferentes para as crianças imitarem. Por exemplo, o líder anda como um bebê, com passos largos ou saltos. Termine o jogo na área onde a história será contada.

Revisão Opcional da Lição

Peça a um voluntário para selecionar um item do contêiner de armazenamento e explique o que ele representou na lição anterior.

Hora da história: leia estas instruções antes de começar.

1. Conte a história com suas próprias palavras. Remova cada item da mala enquanto você ilustra um ponto principal. Concentre-se nos pontos principais. Se você estiver confortável, inclua mais detalhes. Se necessário, use o roteiro sugerido.

2. Ao contar a história, exiba cada item na ordem em que está listado. Coloque-os onde as crianças possam ver.

3. Depois de contar a história, coloque todos os itens dentro da mala novamente.

4. Para revisar a história, remova o primeiro item. Peça a um voluntário para dizer o que ele representa. Mostre este item. Repita este processo até que a história seja recontada.

5. Revise os gestos descritos abaixo para facilitar a memorização. Demonstre este gesto toda vez que você mencionar o que ele representa.

6. Diga: **Nós continuamos em nossa expedição para explorar o livro de Êxodo. Coloquei em nossa mala de viagem ferramentas que precisaremos. Hoje nossa jornada começa com...** Pegue os itens enquanto conta a história.

Os pontos principais em ordem

1. Vela em forma de "1" – Diga: **Deus estava prestes a enviar a décima e última praga sobre os egípcios. À meia-noite, os filhos primogênitos dos egípcios e os animais primogênitos morreriam.**

2. Pão de pita ou matzo – Diga: **O Senhor disse aos israelitas que preparassem uma refeição especial. Eles comeram pão sem fermento, que é o pão que não tem fermento nele. Eles mataram um cordeiro e colocaram um pouco do sangue nas ombreiras de suas casas. Deus passou por suas casas e nenhum primogênito israelita morreu. Os israelitas comeram o cordeiro e o pão rapidamente para estarem prontos para deixar o Egito.**

✠ LIÇÃO BÍBLICA

Dicas de aprendizado

Ao liderar o estudo bíblico, enfatize estas ideias

3. Papel com a palavra "Vai!" – Diga: **Depois da praga da morte dos primogênitos, o faraó convocou Moisés e Arão, e mandou que fossem embora. Os egípcios deram aos israelitas presentes de ouro, prata e roupas.**

4. Bíblia – Diga: **Os israelitas deixaram o Egito no dia exato e da maneira exata que o Senhor prometeu a Abraão centenas de anos antes (Gênesis 15:12-14, Êxodo 40-41).**

5. Gestos Para Facilitar a Memorização - Peça às crianças que agitem as mãos acima da cabeça para representar os israelitas que estavam livres! Ou convide as crianças a pensarem em outro movimento. Diga: **Enquanto eu conto a história, faça esse movimento quando você ouvir o que ele representa.**

6. Diga: **Agora é a sua vez de contar a história.** Coloque os itens dentro da mala. Peça às crianças que se revezem e escolham um item da mala, sem olhar. Peça para elas explicarem o que isso significa ou para rever o gesto para facilitar a memorização. Depois que todos os itens forem removidos, peça às crianças que os coloquem na ordem correta da história.

· O Senhor planejou todos os detalhes da saída, o tempo e as providências a serem tomadas. Embora possa parecer que o Senhor não estava envolvido no começo, Ele realmente estava trabalhando o tempo todo!

Leia as Escrituras

Leia Êxodo 12:1-42 em voz alta.

Perguntas para Discussão

Discuta a história e faça as seguintes perguntas às crianças. Lembre-se de que pode não haver uma resposta certa ou errada.

1. **Imagine que você é uma criança israelita na primeira Páscoa. Descreva os seus pensamentos e sentimentos.**

2. **Se você fosse um israelita, como se sentiria quando soubesse que o Senhor passou por sua casa?**

3. **Por que Deus disse ao seu povo para celebrar a Festa da Páscoa e do Pão sem Fermento?**

4. **Por que você acha que outras pessoas deixaram o Egito com os israelitas?**

5. **Quão importante foi para os israelitas lembrarem o que o Senhor fez? Quão importante é isso hoje?**

Pensamentos Finais

Este é o pensamento que você quer que as crianças se lembrem.

Diga: **Deus fielmente libertou o seu povo da escravidão, exatamente como Ele havia prometido.**

Finalmente! Os israelitas estavam livres. Você consegue imaginar como foi deixar o Egito no meio da noite? O Senhor proveu pão, roupas, ouro, prata e tudo mais que precisavam. Os egípcios os ajudaram e o Senhor cuidou deles!

As promessas do Senhor são confiáveis. Lembre-se de que Êxodo 12:28 diz: "os israelitas se retiraram e fizeram conforme o Senhor tinha ordenado". O Senhor é fiel. Ele cuida de nós. É importante para nós obedecê-lo assim como os israelitas fizeram.

☑ ATIVIDADE PARA MEMORIZAR O VERSÍCULO

Veja a página "Atividades para memorizar versículos" com sugestões que ajudarão as crianças a aprenderem o versículo para memorização.

🧩 ATIVIDADES COMPLEMENTARES

Para aprender mais sobre o antigo Egito e a cultura na qual os israelitas viviam, considere estas opções.

Pense na Páscoa e na partida apressada dos israelitas.

1. Pesquise e celebre uma Festa da Páscoa.

2. Desenvolva um jogo ou folha de atividades para ajudá-lo a lembrar a sequência correta das pragas. Lembre-se de incluir quais pragas afetaram apenas os egípcios.

3. Imagine que você é um israelita. Escreva em seu diário sobre como foi viver a última praga e, de repente, deixar a sua casa com o restante dos israelitas.

Preparar, apontar, vai!

Você vai precisar de

· Fita adesiva

· Uma mochila, sacola de compras ou bolsa de ombro para cada criança

· Uma jaqueta ou blusa para cada criança e líder

· Chaves de carro para líderes

Prepare: Coloque as jaquetas e mochilas em um canto da sua sala. Considere pedir às crianças que tragam as suas próprias jaquetas e mochilas de casa.

Diga: **Hoje enquanto trabalhamos em nosso estudo bíblico, usaremos jaquetas e levaremos coisas que poderíamos usar quando viajarmos.** Quando eu disser: **"Vamos", você deve estar pronto para pegar as suas coisas e me seguir.** Peça às crianças e aos líderes que coloquem as jaquetas. Dê a cada criança uma mochila ou bolsa. Dê aos líderes um conjunto de chaves. Vá para uma área da sala de aula e peça a todos para segurarem esses itens enquanto você lê a história.

Sem aviso diga: **Vamos! Coloquem os seus livros e lápis em suas malas e sigam-me.** Viaje para outra parte da sala ou para uma sala diferente no prédio. Termine uma parte da aula no novo local.

Diga: **O que você acabou de fazer o semelhante ao que aconteceu com os israelitas na história de hoje.** Discuta o que aconteceu, por que e como as crianças se sentiram.

🧩 ATIVIDADE PARA CRIANÇAS MAIS VELHAS

Você vai precisar de vários itens de artesanato para os alunos fazerem placas.

1. Forneça itens de artesanato para que cada aluno possa fazer uma placa para

a porta para a sua casa ou o seu quarto. Quando terminarem, peça a cada aluno que compartilhe a importância das coisas em sua placa.

2. Diga: **Deus disse que o sangue do cordeiro pascal era um sinal nas casas dos israelitas. O que aconteceu quando Ele viu o sangue?** Discuta as respostas dos alunos. Ele passou e ninguém na casa morreu.

3. Diga: **Jesus é chamado de O Cordeiro de Deus. Como Ele é como o cordeiro pascoal?** Discuta as respostas dos alunos. Diga: **Jesus morreu para que pudéssemos viver. Assim como o primogênito sobreviveu por causa do sangue do sacrifício do cordeiro, podemos viver com Jesus para sempre, se aceitarmos o seu sacrifício pelos nossos pecados.**

TREINAMENTO PARA A GINCANA BÍBLICA

Veja a seção "Perguntas para a Gincana Bíblica" para as perguntas práticas do grupo vermelho e azul para esta lição.

ACALMEM-SE... O SENHOR LUTARÁ POR VOCÊS!
Êxodo 13:17 — 14:31

VERSÍCULO PARA MEMORIZAR

O Senhor lutará por vocês; tão somente acalmem-se.

Êxodo 14:14

VERDADES SOBRE DEUS

*Esta lição ensinará as seguintes verdades sobre Deus. O asterisco * indica a principal verdade que você deve ensinar às crianças.*

* ***** Deus lutou pelo seu povo e derrotou os egípcios no Mar Vermelho.

* Deus luta por seu povo.

* Deus sabe quando as pessoas são fortes e quando não são.

FOCO DA LIÇÃO E RESUMO

Neste estudo, as crianças aprenderão que Deus defende o seu povo.

1. O Senhor guiou os israelitas com uma coluna de nuvem e uma coluna de fogo.

2. Faraó mudou de ideia e perseguiu os israelitas.

3. O Senhor trouxe o vento para separar o Mar Vermelho.

4. Os israelitas passaram pelo Mar Vermelho em segurança enquanto os egípcios se afogaram.

CONTEXTO BÍBLICO

Esta lição foca na saída dos israelitas do Egito. No começo tudo correu bem. Eles marcharam corajosamente, carregados de presentes do povo egípcio. Eles seguiam uma coluna de nuvem durante o dia e uma coluna de fogo a noite. Confiantes na vitória completa de Deus sobre faraó, eles estavam finalmente livres da servidão e livres para adorar o Senhor!

Então os carros egípcios apareceram. Os israelitas sabiam que não eram páreo para o exército do faraó. Presos contra o mar, eles entraram em pânico. Faraó ainda se recusou a deixá-los ir, mesmo após a décima praga, com a morte dos primogênitos. Poderia o Senhor derrotar o exército mais poderoso do mundo? Ele os resgataria? Se o próprio Deus não lutasse a batalha por eles, eles sabiam que estavam condenados.

Naquele momento, o maior problema deles não era o exército de faraó. Sua maior fraqueza era a falta de fé em Deus. Eles não tinham provado a grandeza de seu poder? Não tinham provado a grandeza de seu amor por eles? Eles não tinham provado a sua fidelidade para cumprir as suas promessas? Era como se a visão do exército de

faraó apagasse toda a memória das maravilhosas e milagrosas obras de Deus.

Eles tinham feito alguma coisa para convencer o faraó a deixá-los ir? Não. Deus tinha feito tudo isso antes e Ele faria tudo agora. Eles só precisavam se acalmar e confiar em Deus. A batalha era do Senhor. Nada restava senão confiar e obedecer. Isso ainda é verdade para o povo de Deus hoje.

VOCÊ SABIA?

Os filisteus eram chamados de "o povo do mar". Eles se estabeleceram em Canaã aproximadamente 1.100 anos antes de Jesus nascer. É possível que eles originalmente vieram da ilha de Creta. Os filisteus guerreiros se tornaram inimigos do povo de Deus.

VOCABULÁRIO

Palavras de Fé

Confiar significa acreditar que Deus é bom e sempre cumpre as suas promessas. As pessoas que confiam em Deus, dependem dele e o obedecem.

Pessoas

Os **filisteus** eram pessoas guerreiras que viviam no leste do Egito, ao longo da costa de Canaã.

José era o filho de Jacó, também conhecido como Israel. José tornou-se o primeiro ministro do Egito e salvou a sua família da fome.

O **Anjo de Deus** era o mensageiro do Senhor.

Lugares

Pi-Hairote foi o último lugar onde os israelitas acamparam antes de atravessarem o Mar Vermelho. A localização exata é desconhecida.

Termos

Uma **carruagem** era um veículo com duas ou quatro rodas que era puxado por cavalos e usado para batalhas.

📖 ATIVIDADE PARA CONTAR A HISTÓRIA

Toda semana você usará os dois primeiros itens.

1. A mala de viagem da lição 1

2. O contêiner de armazenamento (saco, cesto ou caixa). Armazene os itens das lições anteriores neste contêiner toda semana.

3. Itens para a história de hoje

- Bolas de algodão

- Fósforos

- Um rato ou armadilha de rato

- Um pente

- Uma vassoura

Antes da aula

- Leia Êxodo 13:17 — 14:31

- Reúna os itens para a história de hoje. Substitua uma imagem por qualquer item não disponível.

- Transfira todos os itens das aulas anteriores da mala de viagem para o contêiner de armazenamento. Coloque isso ao lado da área onde a história será contada.

- Coloque os itens da história de hoje dentro da mala de viagem. Coloque a mala de viagem na área onde a história será contada.

Atividade de Abertura: Siga o Líder

Diga às crianças para formarem uma fila, uma atrás da outra. Escolha uma criança para ser o líder. Diga às crianças que elas devem observar o líder e imitar tudo o que o líder fizer. O líder lidera o grupo pela sala. Ele ou ela usa gestos, sons ou caminhos diferentes para as crianças imitarem. Por exemplo, o líder anda como um bebê, com passos largos ou saltos. Termine o jogo na área onde a história será contada.

Revisão Opcional da Lição

Peça a um voluntário para selecionar um item do contêiner de armazenamento e explique o que ele representou na lição anterior.

Hora da história: leia estas instruções antes de começar.

1. Conte a história com suas próprias palavras. Remova cada item da mala enquanto você ilustra um ponto principal. Concentre-se nos pontos principais. Se você estiver confortável, inclua mais detalhes. Se necessário, use o roteiro sugerido.

2. Ao contar a história, exiba cada item na ordem em que está listado. Coloque-os onde as crianças possam ver.

3. Depois de contar a história, coloque todos os itens dentro da mala novamente.

4. Para revisar a história, remova o primeiro item. Peça a um voluntário para dizer o que ele representa. Mostre este item. Repita este processo até que a história seja recontada.

5. Revise os gestos descritos abaixo para facilitar a memorização. Demonstre este gesto toda vez que você mencionar o que ele representa.

6. Diga: **Nós continuamos em nossa expedição para explorar o livro de Êxodo. Coloquei em nossa mala de viagem ferramentas que precisaremos. Hoje nossa jornada começa com...** Pegue os itens enquanto conta a história.

Os pontos principais em ordem

1. **Bolas de algodão e fósforos** – Diga: **Os israelitas estavam finalmente livres! O Senhor os guiou por uma coluna de nuvem durante o dia e uma coluna de fogo à noite. Ele não os liderou no caminho mais curto. Guerreiros ferozes esperavam à frente. Em vez disso, Ele os guiou em uma longa jornada pelo deserto.**

2. **Um rato ou armadilha de ratos** – Diga: **O faraó mudou de ideia e perseguiu os israelitas com o seu exército. O deserto estava de um lado. O Mar Vermelho estava do outro lado. Mas os egípcios estavam chegando. Os israelitas ficaram presos! Eles clamaram a Moisés: "Por que você nos trouxe aqui para morrer?" Moisés respondeu: "Não tenha medo. Permaneça firme e você verá a libertação que o Senhor lhe trará hoje".**

3. **Um Pente** – Diga: **O Senhor enviou um forte vento oriental. Ele soprou a noite toda e separou o Mar Vermelho.**

4. **Uma vassoura** – Diga: **Os israelitas caminharam em terra seca pelo Mar Vermelho. Paredes de água ficavam à esquerda e à direita. Os egípcios os seguiram. Quando os israelitas estavam em segurança, as paredes de água desabaram. Os egípcios foram arrastados para o mar e se afogaram.**

5. **Gestos Para Facilitar a Memorização** – Peça às crianças que levantem as mãos, cotovelos retos, com as palmas voltadas uma para a outra, para significar um "toque de retração". Isso representa o espaço entre as paredes de água no Mar Vermelho. Ou convide as crianças a pensarem em outro movimento. Diga: **Enquanto eu conto a história, faça esse movimento quando você ouvir o que ele representa.**

6. Diga: **Agora é a sua vez de contar a história.** Coloque os itens dentro da mala. Peça às crianças que se revezem e escolham um item da mala, sem olhar. Peça para elas explicarem o que isso significa ou para rever o gesto para facilitar a memorização. Depois que todos os itens forem removidos, peça às crianças que os coloquem na ordem correta da história.

LIÇÃO BÍBLICA

Dicas de aprendizado

Ao liderar o estudo bíblico, enfatize essas ideias

- O Senhor continuamente usou o seu incrível poder para proteger os israelitas de novos perigos.

- Deus disse a seu povo que não tentasse se salvar, mas esperasse que Ele agisse. Quando nos deparamos com situações em que não há nada que possamos fazer, devemos confiar em Deus e esperar por sua ajuda.

Leia as Escrituras

Leia Êxodo 13:17 — 14:31 em voz alta.

Perguntas para Discussão

Discuta a história e faça as seguintes perguntas às crianças. Lembre-se de que pode não haver uma resposta certa ou errada.

1. **Por que Faraó mudou de ideia e perseguiu os israelitas?**

2. **Como você acha que foi ser guiado e protegido por uma coluna de nuvem e uma coluna de fogo?**

3. Leia Êxodo 14:10. **O que você pensaria ou sentiria se fosse um israelita perseguido pelos egípcios? Quais de suas recentes experiências o ajudaram a confiar no Senhor?**

4. **Imagine que você está na jornada com os israelitas. Descreva como você se sente enquanto caminha pela terra seca do Mar Vermelho, com a areia sob** seus pés e a parede de água dos dois lados.

5. Se você fosse um filisteu, o que pensaria quando Deus guiou os israelitas em segurança pelo Mar Vermelho e depois destruiu os exércitos do Egito?

Pensamentos Finais

Este é o pensamento que você quer que as crianças se lembrem.

Diga: **Deus lutou por seu povo e derrotou os egípcios no Mar Vermelho.**

Os israelitas ainda enfrentaram grandes perigos. Quando o exército egípcio apareceu, os israelitas entraram em pânico. Eles haviam esquecido os milagres que o Senhor realizou através de Moisés e Arão. Eles aprenderiam que o poder de Deus não é limitado. Ele pode realizar o seu plano, independentemente da gravidade da situação. No Mar Vermelho, o Senhor derrotou os egípcios de uma vez por todas.

Quais obstáculos você enfrenta? Eles te assustam? Volte-se para Deus e confie nele. Lembre-se do que Ele fez no passado e espere por sua ajuda para a sua necessidade.

☑ ATIVIDADE PARA MEMORIZAR O VERSÍCULO

Veja a página "Atividades para memorizar versículos" com sugestões que ajudarão as crianças a aprenderem o versículo para memorização.

ATIVIDADES COMPLEMENTARES

Para aprender mais sobre o antigo Egito e a cultura na qual os israelitas viviam, considere estas opções.

1. Pesquise a quantidade de vento que levaria a divisão da água. Se possível, use a sua pesquisa para desenvolver um projeto de ciências. A ciência pode realmente explicar ou provar milagres? Por que ou por que não?

2. Algumas pessoas acreditam ter encontrado rodas de carro no Mar Vermelho. Faça uma pesquisa online para ver o que você pode descobrir. Suas descobertas correspondem ao que a Bíblia diz?

3. Crie um gráfico histórico que conte a história do Êxodo. Não se preocupe se você não é um artista, use figuras adesivas. No final do seu gráfico, adicione uma conclusão para mostrar o que você, pessoalmente, aprendeu com essa história.

Corrida do mar vermelho

Você vai precisar de

- Uma mochila

- Uma camiseta tamanho adulto

- Cadeiras

- Corda

- Um relógio para contar segundos

Prepare: De um lado da sua sala, coloque as cadeiras e amarre com uma linha reta para fazer um caminho estreito. Coloque a camisa e a mochila no início do caminho.

Diga: **Os israelitas rapidamente recolheram os seus pertences e levaram tudo o que possuíam pelo Mar Vermelho. Eles fizeram isso porque os egípcios os perseguiram. Este caminho é a nossa versão do Mar Vermelho.** Diga às crianças que cada criança colocará a camiseta, pegará a mochila e correrá pelo caminho do seu "Mar Vermelho". Você registrará quanto tempo leva para cada criança completar a tarefa. Depois diga: **Imagine se você fosse um israelita no Mar Vermelho. O que você achou quando viu que os egípcios estavam perseguindo você? Você achou que a fuga era possível? Por que sim ou por que não?**

Opção de equipe: se você tiver um grande número de crianças, duplique o material necessário e faça dois cursos com o "Mar Vermelho". Coloque as crianças em equipes para competir umas contra as outras.

ATIVIDADE PARA CRIANÇAS MAIS VELHAS

Diga: **Os israelitas estavam presos entre o Mar Vermelho e o exército de faraó.** Pergunte: **Você já esteve em uma situação em que se sentiu preso e impotente para mudar a sua situação? Como isso afetou você? O que você fez?**

Compartilhe uma história pessoal de quando você precisava esperar que Deus o ajudasse em uma situação difícil.

Diga: **Deus disse aos israelitas para esperarem por uma solução. Às vezes, isso é o que Deus quer que façamos. Quando você se sentir ansioso, lembre-se de que Deus está com você. Ele é poderoso. Pacientemente conte com Ele e Ele proverá um meio para lidar com os seus problemas.** Peça aos alunos que discutam uma situação difícil que possam enfrentar. Depois, faça uma oração de encerramento e peça que eles confiem em Deus nas situações difíceis.

ⓧ? TREINAMENTO PARA A GINCANA BÍBLICA

Veja a seção "Perguntas para a Gincana Bíblica" para as perguntas práticas do grupo vermelho e azul para esta lição.

MAS E EU?!
Êxodo 16:1-31; 17:1-7

VERSÍCULO PARA MEMORIZAR

Quem entre os deuses é semelhante a ti, Senhor? Quem é semelhante a ti? Majestoso em santidade, terrível em feitos gloriosos, autor de maravilhas?

Êxodo 15:11

VERDADES SOBRE DEUS

*Esta lição ensinará as seguintes verdades sobre Deus. O asterisco * indica a principal verdade que você deve ensinar às crianças.*

* Deus supriu as necessidades dos israelitas.

· Deus quer que as pessoas confiem nele e o obedeçam.

· Deus pode usar coisas comuns de uma maneira extraordinária.

FOCO DA LIÇÃO E RESUMO

Neste estudo, as crianças aprenderão que Deus quer que as pessoas saibam que Ele é fiel, que confiem nele e que lhe obedeçam.

1. Toda vez que os israelitas enfrentavam um novo problema, resmungavam e reclamavam.

2. Os israelitas precisaram de comida, o Senhor providenciou um pão especial chamado maná.

3. Quando o Senhor providenciou o maná, ele testou o seu povo para ver se eles obedeceriam às suas instruções.

4. Os israelitas reclamaram por não ter água. O Senhor providenciou água.

CONTEXTO BÍBLICO

Depois que Deus derrotou o exército do faraó, as questões da vida diária, comida e água tornaram-se as preocupações mais urgentes. A resposta dos israelitas aos desafios diários da vida testou a sua fé e revelou o nível de sua confiança em Deus.

Quando os israelitas ficaram com fome e sede, resmungaram e reclamaram. Eles ficaram com raiva, impacientes e ingratos. Eles estavam irritados e desrespeitosos em relação a Moisés, Arão e Deus.

Eles disseram que suas vidas como escravos do faraó eram melhor do que viver livres sob a liderança de Moisés e Arão.

Deus misericordiosamente conteu-se em puni-los. Em vez disso, Ele milagrosamente forneceu codornas e maná para eles comerem. Ele forneceu água de uma rocha para eles beberem. Deus provou que Ele supriria as necessidades deles e que Ele era fiel. Mas os israelitas continuaram a resmungar, reclamar e desobedecer. Em vez de confiarem em Deus, as pessoas confiavam em seus próprios pensamentos e sentimentos. Eles foram infiéis a Deus, mesmo em resposta à fidelidade de Deus.

VOCÊ SABIA?

Segundo a Bíblia, esta é a única vez em que o maná, o pão do céu, existiu.

VOCABULÁRIO

Palavras de Fé

O **sábado** é o dia que Deus reservou para descansar, adorar e fazer o bem. Nesse ponto, o Senhor só havia dito ao povo que descansasse no sábado. Mais tarde, Ele acrescenta a direção sobre a adoração. Em Mateus 12:12, Jesus dá a direção para fazer o bem.

Lugares

O **Deserto de Sur** é uma área deserta a sudeste do Egito e do outro lado do Mar Vermelho.

Massá e **Meribá** é o nome que Moisés deu ao lugar onde o Senhor proveu a água da rocha. Massá significa prova. Meribá significa questionar.

Termos

Maná é o pão especial que Deus providenciou para os israelitas no deserto. Maná significa "O que é isso?"

Codorna é uma pequena ave rechonchuda com penas cinzentas ou castanhas.

Larvas são bernes ou vermes que crescem de ovos de mosca. Encontramos larvas em comida estragada.

A **Glória do Senhor** significa a presença do Senhor.

ATIVIDADE PARA CONTAR A HISTÓRIA

Toda semana você usará os dois primeiros itens.

1. A mala de viagem da lição 1

2. O contêiner de armazenamento (saco, cesto ou caixa). Armazene os itens das lições anteriores neste contêiner toda semana.

3. Itens para a História de hoje

- Papel e marcador

- Cereais de Flocos, biscoitos ou pita.

- Garrafa(s) selada(s) de água

- Um pequeno travesseiro

Antes da aula

1. Leia Êxodo 16:1-31; 17:1-7.

2. Escreva estas palavras e frases no papel: lamento, murmúrio, resmungar, gemer, reclamar e também as frases: "Se ao menos tivéssemos morrido no Egito!" e "Por que você nos trouxe aqui para morrer?"

3. Reúna os itens para a história de hoje. Substitua uma imagem por qualquer item não disponível.

4. Transfira todos os itens das aulas anteriores da mala de viagem para o contêiner de armazenamento. Coloque isso ao lado da área onde a história será contada.

5. Coloque os itens da história de hoje dentro da mala de viagem. Coloque a mala de viagem na área onde a história será contada.

Atividade de Abertura: Siga o Líder

Diga às crianças para formarem uma fila, uma atrás da outra. Escolha uma criança para ser o líder. Diga às crianças que elas devem observar o líder e imitar tudo o que o líder fizer. O líder lidera o grupo pela sala. Ele ou ela usa gestos, sons ou caminhos diferentes para as crianças imitarem. Por exemplo, o líder anda como um bebê, com passos largos ou saltos. Termine o jogo na área onde a história será contada.

Revisão Opcional da Lição

Peça a um voluntário para selecionar um item do contêiner de armazenamento e explique o que ele representou na lição anterior.

Hora da história: leia estas instruções antes de começar.

1. Conte a história com suas próprias palavras. Remova cada item da mala enquanto você ilustra um ponto principal. Concentre-se nos pontos principais. Se você estiver confortável, inclua mais detalhes. Se necessário, use o roteiro sugerido.

2. Ao contar a história, exiba cada item na ordem em que está listado. Coloque-os onde as crianças possam ver.

3. Depois de contar a história, coloque todos os itens dentro da mala novamente.

4. Para revisar a história, remova o primeiro item. Peça a um voluntário para dizer o que ele representa. Mostre este item. Repita este processo até que a história seja recontada.

5. Revise os gestos descritos abaixo para facilitar a memorização. Demonstre este gesto toda vez que você mencionar o que ele representa.

7. Diga: **Continuamos em nossa expedição para explorar o livro de Êxodo. Coloquei em nossa mala de viagem ferramentas que precisaremos. Hoje nossa jornada começa com...** Pegue os itens enquanto conta a história.

Os pontos principais em ordem

1. Papel com as palavras ou frases - Entregue cada papel a uma criança diferente. Depois, peça a cada criança que leia o seu em voz alta. Diga: **Enquanto viajavam pelo deserto, a comida dos israelitas acabou. O povo resmungou e reclamou com Moisés. "Se ao menos tivéssemos morrido no Egito", disseram eles. "Nós tínhamos muita comida lá. Você nos trouxe para o deserto para morrer de fome."**

2. Cereais de Flocos – Diga: **Então, o Senhor providenciou um novo tipo de alimento. Todas as manhãs, o chão estava coberto de finos flocos que pareciam geada. Os israelitas não sabiam o que era, então eles chamaram** de maná, **que significava "O que é isto?"**

3. Travesseiro pequeno – Diga: **Deus testou as pessoas para ver se elas lhe obedeceriam. Deus disse, cinco dias por semana, eles deveriam reunir apenas** maná **suficiente para comer naquele dia. Eles não deveriam guardar para a noite. Mas no sexto dia, eles deveriam reunir o suficiente para** aquele dia e o sétimo dia, que era o sábado. **No sétimo dia, as pessoas deveriam descansar e não trabalhar. Algumas pessoas obedeceram a Deus. Outros não obedeceram.**

4. Garrafa selada de água – Diga: **A água dos israelitas quase acabou. Eles reclamaram novamente. O Senhor disse a Moisés para ferir uma rocha e a água foi derramada para o povo beber.**

5. Gestos Para Facilitar a Memorização - Peça às crianças que esfreguem a barriga com as mãos para representar que Deus deu aos israelitas maná e água. Ou convide as crianças a pensarem em outro movimento. Diga: **Enquanto eu conto a história, faça esse movimento quando você ouvir o que ele representa.**

6. Diga: **Agora é a sua vez de contar a história.** Coloque os itens dentro da mala. Peça às crianças que se revezem e escolham um item da mala, sem olhar. Peça para elas explicarem o que isso significa ou para rever o gesto para facilitar a memorização. Depois que todos os itens forem removidos, peça às crianças que os coloquem na ordem correta da história.

![Bíblia] **LIÇÃO BÍBLICA**

Dicas de aprendizado

Ao liderar o estudo bíblico, enfatize essas ideias

· Apesar de tudo o que o Senhor havia feito por eles, os israelitas ainda não respondiam com confiança ou obediência.

· Quando os israelitas reclamaram de Moisés e Arão, eles na verdade reclamaram de Deus.

Leia as Escrituras

Leia Êxodo 16:1-31 e 17:1-7 em voz alta.

Perguntas para Discussão

Discuta a história e faça as seguintes perguntas às crianças. Lembre-se de que pode não haver uma resposta certa ou errada.

1. Seria apropriado que os israelitas se queixassem de que não tinham comida nem água? Por que sim ou por que não?

2. Os israelitas ficaram sem comida e água. Como eles responderam? Por que você acha que eles responderam assim?

3. Imagine que você fosse um israelita e sua comida caísse do céu. O que você pensaria, diria e faria na primeira vez em que visse o maná?

4. Por que o Senhor queria que o povo recebesse comida extra no sexto dia? Por que este mandamento foi uma bênção para eles?

5. Você acha que os israelitas passaram ou falharam nos testes que Deus lhes deu no deserto? Discuta isso.

Pensamentos Finais

Este é o pensamento que você quer que as crianças se lembrem.

Diga: **Deus supriu as necessidades dos israelitas.**

Não era errado que os israelitas desejassem comida e água. Todo mundo precisa disso para viver e ser saudável. O problema era que eles não confiavam em Deus para cuidar dessas necessidades. Em vez disso, eles resmungaram e reclamaram com raiva. Eles esqueceram que no passado o Senhor proveu. Além disso, eram descuidados e nem sempre obedeciam a Deus. Algumas pessoas guardaram o maná **durante a noite, e algumas não descansaram no sábado.**

Você pode aprender com os erros dos israelitas. Confie na bondade de Deus, peça a sua ajuda e obedeça a Ele completamente. Deus te ama. Ele é sábio. Ele provê aquilo que você precisa.

☑ ATIVIDADE PARA MEMORIZAR O VERSÍCULO

Veja a página "Atividades para memorizar versículos" com sugestões que ajudarão as crianças a aprenderem o versículo para memorização.

☷ ATIVIDADES COMPLEMENTARES

Para aprender mais sobre o antigo Egito e a cultura na qual os israelitas viviam, considere estas opções.

1. Leia sobre a batalha com os amalequitas em Êxodo 17: 8-16. Observe a referência de Josué.

2. Faça a sua própria versão de bolos de maná. Faça uma pesquisa online sobre receitas de bolo de arroz. Faça um pouco para a sua turma ou deixe a turma fazê-los.

3. Quão importante é o conceito do sábado para o Senhor? Ajude as crianças a pesquisarem uma concordância bíblica para ver quantas vezes e maneiras em que a Bíblia menciona o sábado. Peça-lhes que anotem as suas descobertas de forma criativa.

"Estou com sede!" Atividade para Revisão da História

Você vai precisar de

- Biscoitos
- Água
- Copos

Dê às crianças os biscoitos para comerem enquanto você conta a história. Depois da história, pergunte se eles gostaram dos biscoitos. Pergunte às crianças: **Os biscoitos te deixaram com sede?** Diga às crianças que os israelitas estavam no deserto, onde não havia água. Pergunte às crianças: **Se você estivesse com calor e com sede e não achasse água por perto, o que você faria?** Discuta as suas respostas. Ofereça água para as crianças. Diga: **Você estava com sede depois de comer os biscoitos. Você pode imaginar como os israelitas estavam sedentos em um deserto quente e seco? Hoje descobrimos o que aconteceu quando os israelitas não tiveram água no deserto.**

☷ ATIVIDADE PARA CRIANÇAS MAIS VELHAS

Discuta essas questões com os alunos.

- Quais eram as regras de Deus acerca do maná?

- Elas eram difíceis ou fáceis de obedecer? Explique.

- O que aconteceu quando algumas pessoas desobedeceram?

- Por que você acha que Deus disse para pegar apenas maná suficiente para um dia?

- Quais são as situações hoje em dia que você precisa confiar em Deus para as suas necessidades?

- Como alguém pode mostrar que ele ou ela confia mais em Deus do que em si mesmo?

Converse com os alunos sobre o que significa confiar em Deus. Compartilhe uma história pessoal sobre uma situação difícil que você teve que confiar em Deus e ele proveu.

Diga: **Alguns de vocês podem lutar com circunstâncias difíceis e precisar da ajuda de Deus. Foi difícil para os israelitas confiarem em Deus. Pode ser difícil para você confiar em Deus. Peça aos alunos que escrevam uma carta a Deus sobre** as situações difíceis que enfrentam. **Convide-os também para agradecerem a Deus por prover as suas necessidades.**

Ore e peça a Deus para ajudar os alunos a confiarem nele para suprir as suas necessidades.

⊗ TREINAMENTO PARA A GINCANA BÍBLICA

Veja a seção "Perguntas para a Gincana Bíblica" para as perguntas práticas do grupo vermelho e azul para esta lição.

UMA CHAMA ARDENTE DE GLÓRIA

Êxodo 19:1-25

VERSÍCULO PARA MEMORIZAR

Agora, se me obedecerem fielmente e guardarem a minha aliança, vocês serão o meu tesouro pessoal dentre todas as nações. Embora toda a terra seja minha, vocês serão para mim um reino de sacerdotes e uma nação santa. Essas são as palavras que você dirá aos israelitas.

Êxodo 19:5-6

VERDADES SOBRE DEUS

Esta lição ensinará as seguintes verdades sobre Deus. O asterisco * indica a principal verdade que você deve ensinar às crianças.

* Deus revelou a sua santidade e o seu poder no Monte Sinai.

· O poder de Deus é maior que qualquer um ou qualquer coisa.

· Deus é santo, então aqueles que têm um relacionamento com Ele devem respeitá-lo e obedecê-lo.

FOCO DA LIÇÃO E RESUMO

Neste estudo, as crianças aprenderão que Deus revelou a sua santidade e poder no Monte Sinai e que Ele deseja fazer de Israel o seu povo santo.

1. Depois de três meses, o povo de Deus chegou ao Monte Sinai.

2. O Senhor desejava tornar os israelitas a sua propriedade preciosa se eles o obedecessem.

3. O Senhor desceu na montanha em fogo.

4. Moisés e Arão subiram a montanha para se encontrarem com Deus em nome do povo.

CONTEXTO BÍBLICO

A primeira parte da jornada de Israel chegou ao fim. Com fumaça e fogo, Deus levou-os para o lugar da sarça ardente. Foi ali que Deus se encontrou pela primeira vez com Moisés. O Senhor ofereceu-se para entrar em uma aliança com os israelitas. A aceitação dessa aliança mudou o relacionamento do povo com Deus para sempre.

A nova aliança trouxe novas bênçãos e responsabilidades. Israel tornou-se a propriedade preciosa de Deus. Através deste novo relacionamento, eles poderiam conhecê-lo melhor e amá-lo mais.

Eles se tornariam um reino de sacerdotes. Eles refletiriam o caráter de Deus em suas vidas e compartilhariam os seus ensinamentos com todo o mundo. Eles foram libertados e agora ajudariam a libertar o mundo. Israel seria diferente para sempre por causa do seu relacionamento com o Senhor. Através desta aliança com a nação de Israel, o Salvador do mundo, Jesus Cristo, viria para redimir todas as pessoas.

✔ VOCÊ SABIA?

No Antigo Testamento, um sacerdote intercedia ou ficava entre o povo e Deus. O sacerdote falava com Deus pelo povo. Ele também falava ao povo por Deus. No Novo Testamento, aprendemos que Jesus se tornou o nosso sacerdote e intercessor. Porque Jesus foi humano por um tempo, Ele entende como nos sentimos. Porque Ele também é Deus, quando estamos perto de Jesus, estamos perto de Deus.

? VOCABULÁRIO

Palavras de Fé

Uma **aliança** é um acordo muito importante. Envolve promessas sérias. Na aliança que Deus fez com os israelitas, Ele prometeu amá-los, abençoá-los e protegê-los. Eles prometeram amar, adorar e obedecer a Ele. As alianças de Deus nos oferecem um relacionamento amoroso com Ele.

Pessoas

Um **sacerdote** é uma pessoa que fala com Deus pelas pessoas e dá às pessoas a resposta de Deus. Em Êxodo, os sacerdotes ajudaram as pessoas a terem um relacionamento com Deus.

Lugares

Monte Sinai é uma montanha na área do deserto do Sinai.

Termos

Consagrar significa tornar algo ou alguém sagrado, ou dedicar um objeto ou uma pessoa para servir somente a Deus.

📖 ATIVIDADE PARA CONTAR A HISTÓRIA

Toda semana você usará os dois primeiros itens.

1. A mala de viagem da lição 1

2. O contêiner de armazenamento (saco, cesto ou caixa). Armazene os itens das lições anteriores neste contêiner toda semana.

3. Itens para a História de hoje

- Um telefone

- Uma pena

- Grandes notas de dinheiro fictício

- Uma placa de "Não Entre" (ou faça uma placa com papel)

Antes da aula

- Leia Êxodo 19:1-25

- Reúna os itens para a história de hoje. Substitua uma imagem por qualquer item não disponível.

- Transfira todos os itens das aulas anteriores da mala de viagem para o contêiner de armazenamento. Coloque isso ao lado da área onde a história será contada.

- Coloque os itens da história de hoje dentro da mala de viagem. Coloque a mala de viagem na área onde a história será contada.

Atividade de Abertura: Siga o Líder

Diga às crianças para formarem uma fila, uma atrás da outra. Escolha uma criança para ser o líder. Diga às crianças que elas devem observar o líder e imitar tudo o que o líder fizer. O líder lidera o grupo pela sala. Ele ou ela usa gestos, sons ou caminhos diferentes para as crianças imitarem. Por exemplo, o líder anda como um bebê, com passos largos ou saltos. Termine o jogo na área onde a história será contada.

Revisão Opcional da Lição

Peça a um voluntário para selecionar um item do contêiner de armazenamento e explique o que ele representou na lição anterior.

Hora da história: leia estas instruções antes de começar.

1. Conte a história com suas próprias palavras. Remova cada item da mala enquanto você ilustra um ponto principal. Concentre-se nos pontos principais. Se você estiver confortável, inclua mais detalhes. Se necessário, use o roteiro sugerido.

2. Ao contar a história, exiba cada item na ordem em que está listado. Coloque-os onde as crianças possam ver.

3. Depois de contar a história, coloque todos os itens dentro da mala novamente.

4. Para revisar a história, remova o primeiro item. Peça a um voluntário para dizer o que ele representa. Mostre este item. Repita este processo até que a história seja recontada.

5. Revise os gestos descritos abaixo para facilitar a memorização. Demonstre este gesto toda vez que você mencionar o que ele representa.

6. Diga: **Nós continuamos em nossa expedição para explorar o livro de Êxodo. Coloquei em nossa mala de viagem ferramentas que precisaremos. Hoje nossa jornada começa com...**
Pegue os itens enquanto conta a história.

Os pontos principais em ordem

1. **Um telefone** – Diga: **O povo de Deus finalmente chegou ao Monte Sinai. Moisés subiu a montanha. Este era o mesmo lugar onde Deus falou com ele através da sarça-ardente. Deus chamou Moisés e deu-lhe uma mensagem para os israelitas.**

2. **Uma Pena** – Diga: **Deus lembrou a Moisés o que Ele havia feito pelos israelitas. Ele disse, "Vocês viram o que fiz ao Egito e como os transportei sobre asas de águias e os trouxe para junto de mim."(19:4)**

3. **Dinheiro fictício** – Diga: **Deus salvou os israelitas. Ele queria torná-los a sua propriedade preciosa se eles obedecessem aos seus mandamentos e mantivessem a sua aliança. Quando Moisés deu essa mensagem aos israelitas, eles disseram: "Faremos tudo o que o Senhor ordenou".**

4. Uma placa **"Não Entre"** – Diga: **Três dias depois, nuvens cobriram o Monte Sinai. Trovões relampejavam. Relâmpagos reluziam. O som de uma trombeta alta soou. Deus desceu na montanha em fogo. Moisés foi para o topo da montanha. Deus o avisou que as pessoas não deveriam tentar subir a montanha ou morreriam.**

5. **Gestos Para Facilitar a Memorização** – Diga às crianças para colocarem as mãos acima de suas cabeças e tocarem as pontas dos dedos para indicar que Moisés subiu ao Monte Sinai. Ou convide as crianças a pensarem em outro movimento. Diga: **Enquanto eu conto a história, faça esse movimento quando você ouvir o que ele representa.**

6. Diga: **Agora é a sua vez de contar a história.** Coloque os itens dentro da mala. Peça às crianças que se revezem e escolham um item da mala, sem olhar. Peça para elas explicarem o que isso significa ou para rever o gesto para facilitar a memorização. Depois que todos os itens forem removidos, peça às crianças que os coloquem na ordem correta da história.

✚ LIÇÃO BÍBLICA

Dicas de aprendizado

Ao liderar o estudo bíblico, enfatize essas ideias

- Reconheça que a santidade de Deus foi mostrada no Monte Sinai.

- Era importante que as pessoas respeitassem a santidade de Deus e se preparassem cuidadosamente antes de se aproximarem Dele.

- No Antigo Testamento, quando Ele ensinou os israelitas a honrá-lo e respeitá-lo como seu único Deus, ele parecia inacessível. Deus desejou um relacionamento saudável com o

Seu povo. Para tornar isso possível, Ele estava disposto a ensiná-los pacientemente.

Leia as Escrituras

Leia Êxodo 19:1-25 em voz alta.

Perguntas para Discussão

Discuta a história e faça as seguintes perguntas às crianças. Lembre-se de que pode não haver uma resposta certa ou errada.

1. Leia Êxodo 19:4-5 em voz alta. Por que você acha que o Senhor disse isso aos israelitas?

2. Como você reagiria depois de ouvir o mandamento do Senhor para ser obediente?

3. Os israelitas disseram que fariam tudo o que o Senhor ordenasse. O restante do Antigo Testamento conta a história de quão bem eles mantiveram a promessa. Você acha que eles irão manter isso? Por que ou por que não?

4. Como a descrição do Senhor descendo na montanha afeta a sua imagem de Deus?

5. Em Êxodo 19:23, o Senhor ordena a Moisés que separe a montanha como santa. Que lugar nós temos separado como lugar santo para honrar a Deus?

Pensamentos Finais

Este é o pensamento que você quer que as crianças se lembrem.

Diga: **Deus estabeleceu a sua santidade e poder no Monte Sinai.**

Uma montanha tremendo! Trovão! Relâmpago! Uma trombeta alta! Deus é santo e poderoso! Não devemos nos aproximar Dele descuidadamente. Nós também sabemos que Deus ama as pessoas. Então como nos aproximamos Dele?

Jesus, o Filho de Deus, tornou possível para nós conhecermos a Deus como Pai. Saber sobre a santidade e o poder de Deus nos ensina a respeitá-lo. Jesus possibilita que nos aproximemos de Deus e desfrutemos de um relacionamento pessoal com Ele. Se você conhece Jesus como o seu Salvador, agradeça a Ele pelo que Ele fez por você. Se ainda não, converse com seu líder sobre quem é Jesus e como se relacionar com Ele.

ATIVIDADE PARA MEMORIZAR O VERSÍCULO

Veja a página "Atividades para memorizar versículos" com sugestões que ajudarão as crianças a aprenderem o versículo para memorização.

🧩 ATIVIDADES COMPLEMENTARES

Para aprender mais sobre o antigo Egito e a cultura na qual os israelitas viviam, considere estas opções.

1. Leia Êxodo 18: 13-27 para aprender sobre a função dos juízes em Israel. Quem foi o primeiro juiz? Qual era o trabalho dele? Como os outros juízes conseguiram os seus empregos? De quem foi a sugestão?

2. Leia Êxodo 17:8-16. Que pessoa importante é mencionada pela primeira vez? O que ele fez? Observe-o com cuidado. Ele se tornará cada vez mais importante conforme a jornada continua.

3. Que aliança o Senhor fez antes desta? Revise as histórias de Noé e Abraão em Gênesis para ver o que eram essas alianças.

4. Deixe os alunos desenharem figuras para ilustrar a história e recontar a história através de seus desenhos.

Mensageiro Moisés

Você vai precisar de

· pedaços de papel

· envelopes

· marcadores

· pequenos doces

Com o marcador, escreva uma pequena mensagem para uma das crianças. A mensagem deverá ter uma instrução simples. Por exemplo, "Coloque a mão na sua cabeça" ou "Bata palmas". Escreva um dos nomes das crianças em um envelope e coloque a mensagem dentro. Escolha outra criança para entregar a mensagem para a criança cujo nome está no envelope. Peça à criança que leia a mensagem para a turma. Veja se o resto das crianças seguem as instruções ou não. Se alguns não seguirem, use isso como um momento de ensino. Discuta com as crianças que alguns dos israelitas não obedeceram à mensagem de Deus quando Moisés a entregou.

🧩 ATIVIDADE PARA CRIANÇAS MAIS VELHAS

1. Peça aos alunos que tirem uma foto de algo poderoso, mas perigoso, que ele ou ela temam e respeitem. Discuta as fotos. Pergunte aos alunos: **Por que você teme e respeita isso?** Diga: **quando entendemos o quão poderoso algo é, temos uma atitude apropriada e respeitosa sobre isso. Regras para o que fazer ao redor de coisas perigosas são destinadas a nos manter seguros. Por que é bom mostrar temor respeitoso por certas coisas? Deus nos deu regras para segui-lo. Deus não quer que tenhamos medo Dele, mas Ele quer que o respeitemos.**

2. Opção: Peça a um aluno que represente Moisés quando se encontrou com Deus no

Monte Sinai. Em seguida, prossiga com a
atividade acima.

TREINAMENTO PARA A GINCANA BÍBLICA

Veja a seção "Perguntas para a Gincana Bíblica" para as perguntas práticas do grupo vermelho e azul
para esta lição.

R-E-S-P-E-I-T-O
Êxodo 20:1-21

VERSÍCULO PARA MEMORIZAR

"Não terás outros deuses além de mim. Não farás para ti nenhum ídolo, nenhuma imagem de qualquer coisa no céu, na terra, ou nas águas debaixo da terra." Êxodo 20:3-4

VERDADES SOBRE DEUS

*Esta lição ensinará as seguintes verdades sobre Deus. O asterisco * indica a principal verdade que você deve ensinar às crianças.*

* Deus deu aos israelitas os seus mandamentos para que pudessem viver em uma aliança de relacionamento com Ele.

· Deus quer que seu povo o respeite e o obedeça.

· Deus quer que seu povo trate um ao outro bem.

FOCO DA LIÇÃO E RESUMO

Neste estudo, as crianças aprenderão que Deus deu ao seu povo os Dez Mandamentos para que pudessem viver um relacionamento correto com Ele e uns com os outros.

1. Deus falou pessoalmente com os israelitas.

2. Deus deu aos israelitas mandamentos para ajudá-los a viver corretamente com Ele e uns com os outros.

3. Os israelitas ficaram com medo quando viram o poder de Deus.

4. Apenas Moisés se aproximou de Deus.

CONTEXTO BÍBLICO

Deus tinha mostrado graça a Israel ao derrotar faraó e seus deuses, tirando os israelitas da escravidão. Ele lhes deu comida e água, e os convidou para um relacionamento de aliança com Ele. Em uma aliança, ambas as partes tinham responsabilidades uma com a outra. Agora eles precisavam entender claramente as suas responsabilidades. Eles precisavam saber o que Deus esperava deles. Era hora de receber a Lei de Deus, os Dez Mandamentos.

Deus queria um povo santo que Ele pudesse abençoar. Ele queria que o seu povo fosse uma bênção para toda a criação. Mas os israelitas só conheciam os ensinamentos de faraó e dos egípcios. Eles precisavam substituir as suas antigas formas de pensar e agir e aprender os caminhos de Deus.

Então Deus aproximou-se do povo e falou. Quando eles perceberam como Deus era completamente santo e poderoso, eles ficaram com medo. Moisés disse-lhes que um pouco do medo era bom. Era melhor ser cuidadoso e sábio, guardar a aliança do que ser descuidado e quebrar tolamente a aliança. Seu respeito e admiração os afastariam do pecado.

VOCÊ SABIA?

Muitos judeus continuam vivendo em Êxodo 16:29. Alguns moram próximo o suficiente para caminhar até as suas sinagogas no sábado. Eles não dirigem no sábado. Outros nem sequer saem de suas casas.

VOCABULÁRIO

Palavras de Fé

Um **mandamento** é uma lei dada por Deus que diz às pessoas como viver.

Pessoas

Um **servo** ou **serva** era uma pessoa de confiança que serviu a família com quem ele ou ela viveu.

Um **estrangeiro** era uma pessoa que não era israelita.

Termos

Um **ídolo** é qualquer coisa que é adorada no lugar de Deus ou amada mais do que a Deus. Outras nações adoravam ídolos e imagens. O povo de Deus foi proibido de fazê-los ou adorá-los.

Ciúmes significa querer alguém para amar apenas você. Deus é um Deus ciumento porque quer que o amemos mais do que qualquer um ou qualquer coisa.

Cobiçar significa querer algo que pertence a outra pessoa tanto que uma pessoa está disposta a desobedecer a Deus para tê-la.

ATIVIDADE PARA CONTAR A HISTÓRIA

Toda semana você usará os dois primeiros itens.

1. A mala de viagem da lição 1

2. O contêiner de armazenamento (saco, cesto ou caixa). Armazene os itens das lições anteriores neste contêiner toda semana.

3. Itens para a história de hoje

- Um papel com perguntas

- Uma régua

- Um megafone

Antes da aula

- Leia Êxodo 20:1-21

- Reúna os itens para a história de hoje. Substitua uma imagem por qualquer item não disponível.

- Transfira todos os itens das aulas anteriores da mala de viagem para o contêiner de armazenamento. Coloque isso ao lado da área onde a história será contada.

- Coloque os itens da história de hoje dentro da mala de viagem. Coloque a mala de viagem na área onde a história será contada.

- Escreva num papel um teste com perguntas comuns.

Atividade de Abertura: Siga o Líder

Diga às crianças para formarem uma fila, uma atrás da outra. Escolha uma criança para ser o líder. Diga às crianças que elas devem observar o líder e imitar tudo o que o líder fizer. O líder lidera o grupo pela sala. Ele ou ela usa gestos, sons ou caminhos diferentes para as crianças imitarem. Por exemplo, o líder anda como um bebê, com passos largos ou saltos. Termine o jogo na área onde a história será contada.

Revisão Opcional da Lição

Peça a um voluntário para selecionar um item do contêiner de armazenamento e explique o que ele representou na lição anterior.

Hora da história: leia estas instruções antes de começar.

1. Conte a história com suas próprias palavras. Remova cada item da mala enquanto você ilustra um ponto principal. Concentre-se nos pontos principais. Se você estiver confortável, inclua mais detalhes. Se necessário, use o roteiro sugerido.

2. Ao contar a história, exiba cada item na ordem em que está listado. Coloque-os onde as crianças possam ver.

3. Depois de contar a história, coloque todos os itens dentro da mala novamente.

4. Para revisar a história, remova o primeiro item. Peça a um voluntário para dizer o que ele representa. Mostre este item. Repita este processo até que a história seja recontada.

5. Revise os gestos descritos abaixo para facilitar a memorização. Demonstre este gesto toda vez que você mencionar o que ele representa.

6. Diga: **Nós continuamos em nossa expedição para explorar o livro de Êxodo. Coloquei em nossa mala de viagem ferramentas que precisaremos. Hoje nossa jornada começa com...** Pegue os itens enquanto conta a história.

Os pontos principais em ordem

1. Uma régua – Diga: **Deus deu aos israelitas regras para lhes dizer como viver. Foram elas Os Dez Mandamentos. Essas regras ajudaram os israelitas a amar, obedecer e respeitar a Deus e a mostrar amor e respeito uns para com os outros.**

2. Um papel com perguntas de teste – Diga: **Deus testou os israelitas. Ele queria saber se eles lembrariam que Ele era o seu Deus e eles eram o seu povo. Ele mostrou-lhes o seu poder para que eles pudessem temê-lo e respeitá-lo.**

3. Um Megafone – Diga: **O povo não queria que Deus falasse com eles porque eles o temiam. Em vez disso, eles pediram a Moisés que falasse em nome de Deus. Então Moisés subiu e falou com Deus.**

4. Gestos Para Facilitar a Memorização - Peça às crianças que levantem as mãos com os 10 dedos abertos para indicar os Dez Mandamentos. Ou convide as crianças a pensar em outro movimento. Diga: **Enquanto eu conto a história, faça esse movimento quando você ouvir o que ele representa.**

5. Diga: **Agora é a sua vez de contar a história.** Coloque os itens dentro da mala. Peça às crianças que se revezem e escolham um item da mala, sem olhar. Peça para elas explicarem o que isso significa ou para rever o gesto para facilitar a memorização. Depois que todos os itens forem removidos, peça às crianças que os coloquem na ordem correta da história.

✝ LIÇÃO BÍBLICA

Dicas de aprendizado

Ao liderar o estudo bíblico, enfatize essas ideias

- Deus não deu os Dez Mandamentos para dificultar a vida dos israelitas. Deus deu os mandamentos para que os israelitas pudessem servi-lo e viverem bem juntos.

- Não dê ênfase nos mandamentos que não se aplicam diretamente às crianças do seu grupo (adultério, assassinato). Em vez disso, concentre-se nos que são aplicáveis, como honrar o seu pai e sua mãe.

Leia as Escrituras

Leia Êxodo 20:1-21 em voz alta.

Perguntas para Discussão

Discuta a história e faça as seguintes perguntas às crianças. Lembre-se de que pode não haver uma resposta certa ou errada.

1. Se escolhermos obedecer a Deus, quais são algumas das maneiras que não devemos agir? Quais são as maneiras que podemos começar a agir?

2. Quais são algumas coisas específicas que devemos fazer que não são encontradas nos Dez Mandamentos? Quais são algumas coisas específicas que não devemos fazer que não são abordadas nos Dez Mandamentos? Como Deus nos ajuda a saber o que nós devemos ou não fazer?

3. Escolha um dos Dez Mandamentos. Quais são duas ou três maneiras pelas quais você pode obedecer a esse mandamento.

4. Os primeiros quatro mandamentos nos dizem como tratar a Deus. Os últimos seis mandamentos nos dizem como tratar os outros. A maneira como tratamos Deus afeta como tratamos os outros? Explique.

5. Por que você acha que os israelitas tinham medo de se aproximar de Deus? Se você fosse um israelita, você sentiria medo de se aproximar de Deus? Por que sim ou por que não?

Pensamentos Finais

Este é o pensamento que você quer que as crianças se lembrem.

Diga: **Deus deu aos israelitas os seus mandamentos da aliança.**

Em qualquer lugar que vamos há regras para nos ajudar a saber como agir. Na piscina, não devemos correr. Na biblioteca, devemos ficar quietos. Em casa, devemos ir para a cama quando for a hora.

Deus nos deu regras para que pudéssemos viver em um relacionamento amoroso e de aliança com Ele. Deus nos ama e quer que amemos a Ele e ao próximo. Mostramos amor quando honramos e respeitamos a Deus e ao próximo. Quando seguimos os Dez Mandamentos em nossa vida diária, mostramos ao mundo como Deus é. Quando todos seguimos as suas regras, nossa vida em conjunto se torna mais fácil e muito mais divertida!

☑ ATIVIDADE PARA MEMORIZAR O VERSÍCULO

Veja a página "Atividades para memorizar versículos" com sugestões que ajudarão as crianças a aprenderem o versículo para memorização.

🧩 ATIVIDADES COMPLEMENTARES

Para aprender mais sobre o antigo Egito e a cultura na qual os israelitas viviam, considere estas opções.

1. Crie uma música, um poema ou um padrão rítmico para ajudar a memorizar os Dez Mandamentos. Considere uma música

conhecida (usando novas palavras para uma música familiar).

2. Estude eventos atuais. As pessoas da sua comunidade reconhecem e seguem os Dez Mandamentos? Existem pessoas ou grupos que se opõem a ver os Dez Mandamentos em locais públicos? Faça uma exibição para mostrar o que você descobriu. Discuta esta pergunta: Quando as pessoas rejeitam os Dez Mandamentos como guias para viver, que diretrizes usam em vez disso?

3. Faça um cartaz listando 10 maneiras pelas quais as pessoas podem demonstrar respeito e honra a Deus.

Girando Fora de Controle

Você vai precisar de

· Pião (um para cada criança, se possível)

· Palitos de sorvete (quatro palitos para cada criança, se possível)

· Uma mesa

Prepare: Coloque os piões e os palitos na mesa em dois lugares diferentes.

1. Peça às crianças para girarem os seus piões na mesa.

2. Dê a cada criança quatro palitos e peça-lhes para organizá-los em uma forma quadrada.

3. Peça às crianças para girarem seus piões dentro do quadrado.

Opção: Você pode demonstrar essa atividade para as crianças assistirem e discutirem juntas. Depois, permita que as crianças tentem, uma de cada vez.

4. Discuta o que aconteceu com o pião quando ele girou sem estar no quadrado. Ele caiu da mesa ou bateu em outro e isso fez com que parasse de girar? O que aconteceu com o pião quando estava no quadrado?

Diga: **Hoje aprendemos que Deus deu os Dez Mandamentos para ajudar as pessoas a saberem como viver da maneira que Ele as criou. Sem esses mandamentos, as pessoas poderiam viver de uma forma que não agrada a Deus. Isso é semelhante ao quadrado que criamos para o pião. Sem o limite apropriado do quadrado, o pião ficava fora de controle. Às vezes, um pião caiu da mesa e não conseguiu mais girar. Às vezes, um esbarrou em outro pião. Quando isso acontecia, nenhum pião podia girar. Quando vivemos a nossa vida de acordo com os limites dos Dez Mandamentos, agradamos a Deus e tratamos os outros da maneira que devemos. Nós desfrutamos da vida com Deus e com os outros.**

ATIVIDADE PARA CRIANÇAS MAIS VELHAS

1. Traga de três a cinco objetos comuns para a sala de aula. Por exemplo, um martelo, um celular, uma lâmpada, uma tesoura,

um lápis. Segure o martelo. Diga: **Preciso ligar para minha mãe, mas isso não funcionará quando eu tentar ligar** para ela. Segure-o ao ouvido como se fosse fazer uma ligação. Pergunte: **O que há de errado com esse martelo? Por que não está funcionando?** Não espere por uma resposta. Repita este cenário várias vezes com os outros itens e várias tentativas incorretas.

2. Discuta com os alunos por que é importante usar esses itens da maneira como foram criados para serem usados. Diga: **Você não obtém os resultados que deseja ou precisa se usar a ferramenta errada para o trabalho.**

3. Pergunte aos alunos por que Deus deu os Dez Mandamentos ao povo. Diga: **Os Dez Mandamentos nos ajudam a viver da maneira que Deus nos criou para viver. Deus quer que nos tornemos mais parecidos com Ele conhecendo e obedecendo as suas instruções. Assim como um martelo não pode ser usado para fazer uma ligação, você não cumprirá o propósito de Deus se não seguir as instruções dele.** Discuta com os alunos o que acontece quando obedecemos ou desobedecemos aos mandamentos.

TREINAMENTO PARA A GINCANA BÍBLICA

Veja a seção "Perguntas para a Gincana Bíblica" para as perguntas práticas do grupo vermelho e azul para esta lição.

UMA REFEIÇÃO PARA SELAR O ACORDO
Êxodo 24:1-18

VERSÍCULO PARA MEMORIZAR

Não tomarás em vão o nome do Senhor teu Deus, pois o Senhor não deixará impune quem tomar o seu nome em vão. Lembra-te do dia de sábado, para santificá-lo.

Êxodo 20:7-8

VERDADES SOBRE DEUS

*Esta lição ensinará as seguintes verdades sobre Deus. O asterisco * indica a principal verdade que você deve ensinar às crianças.*

* O povo de Deus concordou em manter a sua aliança.

· Deus ensina as pessoas como obedecê-lo.

· Deus nos dá diretrizes para adorá-lo.

FOCO DA LIÇÃO E RESUMO

Neste estudo, as crianças aprenderão que Deus ensinou o seu povo a viver em um relacionamento de aliança com Ele.

1. O povo concordou em obedecer ao Senhor em uma cerimônia de aliança.

2. Os líderes de Israel subiram a montanha para adorar o Senhor.

3. Os líderes viram o Deus de Israel. Então, eles comeram uma refeição e desfrutaram da comunhão com Deus.

4. Moisés e Josué subiram a montanha e permaneceram por quarenta dias e quarenta noites.

CONTEXTO BÍBLICO

Nesta lição, aprenderemos sobre a cerimônia da aliança entre o Senhor e os israelitas. Começou com a construção de um altar e a oferta de sacrifícios. Depois dos sacrifícios, Moisés leu o Livro da Aliança para o povo. Israel concordou em obedecer ao Senhor. Moisés aspergiu o sangue do pacto sobre o altar e sobre o povo para vincular o povo aos seus votos. Finalmente, os anciãos israelitas juntaram-se a Moisés no monte e viram a Deus. Eles compartilharam uma refeição da aliança para concluir a cerimônia e confirmar a aliança de Israel com Deus.

A aparição de Deus aos anciãos de Israel foi muito significativa. Os terremotos, fogo, raios, nuvens negras, sons de trombetas e os alertas do Senhor fizeram os israelitas temerem a montanha. Mas os anciãos foram convidados a ver o Senhor e não sofreram dano algum. Que evento incrível foi quando os anciãos israelitas compartilharam uma refeição juntos na presença de Deus! Isso mostrou que a graça de Deus e a reverência humana possibilitam que Deus e seu povo compartilhem um relacionamento próximo.

VOCÊ SABIA?

Através dos sacrifícios no Antigo Testamento, Deus providenciou ao seu povo um meio de comunhão com Ele, para adorá-lo e encontrar perdão pelos pecados. Depois que Jesus morreu na cruz, os sacrifícios de animais não eram mais necessários.

VOCABULÁRIO

Palavras de Fé

Uma **oferta** é um presente das pessoas para Deus.

Pessoas

Nadabe e **Abiú** eram os dois filhos mais velhos de Arão.

Josué era o assistente de Moisés.

Termos

O Livro da Aliança continha leis que Deus deu a Moisés no Monte Sinai. Moisés leu este livro para os israelitas.

Um **altar** era uma pilha especial de pedras consagradas a Deus. Este é o lugar onde os israelitas sacrificaram animais e adoraram o Senhor.

Um **holocausto** era um animal sem defeito que era sacrificado a Deus e completamente queimado. Esta oferta mostrou que a pessoa entregava a si mesma completamente a Deus.

Uma **oferta de comunhão** era uma oferta de um animal sem defeito ou vários tipos de pães. Nesta oferta, as pessoas comiam parte do sacrifício. Esta oferta mostrava que a pessoa queria ter comunhão com Deus. Muitas vezes essa oferta foi dada para agradecer a Deus por uma bênção.

ATIVIDADE PARA CONTAR A HISTÓRIA

Toda semana você usará os dois primeiros itens.

1. A mala de viagem da lição 1

2. O contêiner de armazenamento (saco, cesto ou caixa). Armazene os itens das lições anteriores neste contêiner toda semana.

3. Itens para a história de hoje

- Velas em forma dos números: 7, 0 e 4

- 12 pequenas pedras

- Um frasco de spray

- Uma lancheira

- Um par de óculos ou binóculos

Antes da aula

- Leia Êxodo 24:1-18

- Reúna os itens para a história de hoje. Substitua uma imagem por qualquer item não disponível.

- Transfira todos os itens das aulas anteriores da mala de viagem para o contêiner de armazenamento. Coloque isso ao lado da área onde a história será contada.

- Coloque os itens da história de hoje dentro da mala de viagem. Coloque a mala de viagem na área onde a história será contada.

Atividade de Abertura: Siga o Líder

Diga às crianças para formarem uma fila, uma atrás da outra. Escolha uma criança para ser o líder. Diga às crianças que elas devem observar o líder e imitar tudo o que o líder fizer. O líder lidera o grupo pela sala. Ele ou ela usa gestos, sons ou caminhos diferentes para as crianças imitarem. Por exemplo, o líder anda como um bebê, com passos largos ou saltos. Termine o jogo na área onde a história será contada.

Revisão Opcional da Lição

Peça a um voluntário para selecionar um item do contêiner de armazenamento e explique o que ele representou na lição anterior.

Hora da história: leia estas instruções antes de começar.

1. Conte a história com suas próprias palavras. Remova cada item da mala enquanto você ilustra um ponto principal. Concentre-se nos pontos principais. Se você estiver confortável, inclua mais detalhes. Se necessário, use o roteiro sugerido.

2. Ao contar a história, exiba cada item na ordem em que está listado. Coloque-os onde as crianças possam ver.

3. Depois de contar a história, coloque todos os itens dentro da mala novamente.

4. Para revisar a história, remova o primeiro item. Peça a um voluntário para dizer o que ele representa. Mostre este item. Repita este processo até que a história seja recontada.

5. Revise os gestos descritos abaixo para facilitar a memorização. Demonstre este gesto toda vez que você mencionar o que ele representa.

6. Diga: **Nós continuamos em nossa expedição para explorar o livro de Êxodo. Coloquei em nossa mala de viagem ferramentas que precisaremos. Hoje nossa jornada começa com...** Pegue os itens enquanto conta a história.

Os pontos principais

1. As velas com os números 7 e 0 – Diga: **Deus disse a Moisés para trazer Arão, Nadabe, Abiú e setenta dos anciãos ao Monte Sinai para vê-Lo e adorá-Lo.**

2. As doze pedras pequenas – Diga: **Antes de partir, Moisés construiu um altar e colocou 12 pilares de pedra na base da montanha. Cada pilar representava uma das tribos de Israel. Os jovens israelitas sacrificaram touros no altar.**

3. O frasco de spray – Diga: **Moisés guardou todo o sangue dos touros sacrificados. Ele aspergiu metade no altar e leu o Livro da Aliança para o povo. O povo concordou em guardar a aliança e obedecer a tudo o que o Senhor tinha dito. Então Moisés aspergiu o resto do sangue no povo. Ele chamou isso de aliança de sangue para lembrá-los de que manter a promessa da aliança era uma questão de vida ou morte. Esta foi uma parte da cerimônia da aliança.**

4. Um óculos ou Binóculos – Diga: **Moisés, Arão, Nadabe, Abiú e os 70 anciãos subiram a montanha e viram o Deus de Israel!**

5. A lancheira – Diga: **Deus não levantou a mão contra os líderes israelitas. Depois que eles viram Deus, eles comeram uma refeição na montanha. Esta foi uma comunhão especial com Deus.**

6. As velas número 4 e 0 – Diga: **Moisés e Josué subiram a montanha. Uma nuvem cobria a montanha. Quando Deus chamou Moisés da nuvem, ele foi para o topo da montanha. Para os israelitas abaixo, a glória do Senhor parecia como um fogo no topo da montanha. Eles se perguntavam como Moisés poderia sobreviver dentro de um incêndio. Talvez eles tivessem esquecido como a sarça ardente queimava, mas não era consumida. Moisés ficou com Deus na montanha por muito tempo. Foram quarenta dias e quarenta noites!** Considere acender as velas para representar o tempo que Moisés passou na presença de Deus.

7. Gestos Para Facilitar a Memorização - Peça a cada criança que levante uma mão e junte os dedos, como se fizesse uma promessa, para representar que os israelitas prometeram obedecer a aliança de Deus. Outra opção é apertar a mão do vizinho. Ou convide as crianças a pensarem em outro movimento. Diga: **Enquanto eu conto a história, faça esse movimento quando você ouvir o que ele representa.**

8. Diga: **Agora é a sua vez de contar a história.** Coloque os itens dentro da mala. Peça às crianças que se revezem e escolham

um item da mala, sem olhar. Peça para elas explicarem o que isso significa ou para rever o gesto para facilitar a memorização. Depois que todos os itens forem removidos, peça às crianças que os coloquem na ordem correta da história.

⊕ LIÇÃO BÍBLICA

Dicas de aprendizado

Ao liderar o estudo bíblico, enfatize essas ideias

· Aponte as diferenças entre a adoração sacrificial do Antigo Testamento e como adoramos o Senhor hoje.

· Explique que a vida, a morte e a ressurreição de Jesus mudaram tudo. Quando Jesus sacrificou sua vida pelos nossos pecados, os sacrifícios de animais não eram mais necessários.

Leia as Escrituras

Leia Êxodo 24:1-18 em voz alta.

Perguntas para Discussão

Discuta a história e faça as seguintes perguntas às crianças. Lembre-se de que pode não haver uma resposta certa ou errada.

1. Leia Êxodo 24:3. **Imagine se você fosse um israelita. Como você responderia ao Senhor depois que Moisés compartilhasse as palavras e leis de Deus?**

2. Leia Êxodo 24:7. **Você acha que foi fácil para os israelitas responderem com essa promessa ao Senhor?**

3. **Moisés escreveu a lei e os mandamentos de Deus. Onde podemos encontrar as instruções de Deus escritas para nossas vidas?**

4. **Você já pensou que Deus estava lhe dizendo para fazer alguma coisa? Como você respondeu?**

5. **De que maneira Deus fala ao seu povo hoje?**

Pensamentos Finais

Este é o pensamento que você quer que as crianças se lembrem.

Diga: **Todo o povo de Deus concordou em guardar a Aliança e disse: "Faremos tudo o que o Senhor ordenou" (24:3). Os israelitas haviam sofrido no Egito. Eles clamaram ao Senhor, e agora estavam livres, seguros e prontos para servir ao Senhor. Deus respondeu as suas orações e atendeu a todas as suas necessidades. Mas uma aliança contém duas partes. Deus prometeu abençoar e proteger os israelitas, e eles prometeram servi-lo e obedecê-lo. Os israelitas estavam prestes a descobrir que é mais fácil fazer promessas do que mantê-las. Você descobriu que isso é verdade para você?**

✅ ATIVIDADE PARA MEMORIZAR O VERSÍCULO

Veja a página "Atividades para memorizar versículos" com sugestões que ajudarão as crianças a aprenderem o versículo para memorização.

🧩 ATIVIDADES COMPLEMENTARES

Para aprender mais sobre o antigo Egito e a cultura na qual os israelitas viviam, considere estas opções.

1. Leia Levítico 1:1-17, 3:1-17, 6:8-13 e 7:11-21 para aprender sobre ofertas queimadas e ofertas de comunhão. Faça um gráfico com o nome da oferta, o que era sacrificado, como era feito e o que isso representava.

2. Faça um desenho de Moisés e dos anciãos na montanha com o Senhor aparecendo para eles. Veja Êxodo 24:9-11.

3. Crie um modelo em papel-maché de como seria o acampamento israelita e a montanha de Deus. Crie os 12 pilares (24:4), um altar (24:5) e a montanha. Deixe espaço para adicionar o Tabernáculo encontrado na Lição 17.

O Jogo da Espera

Você vai precisar de

- Um pequeno lanche

- Água

- Copos

- Guardanapos

- Um ajudante

Sirva o lanche para as crianças. Enquanto eles comem, sussurre para o ajudante. Conte piadas ou histórias engraçadas para o ajudante. Fale alto o suficiente para que a turma perceba o riso, mas ouça apenas pequenas partes da conversa. Depois de alguns minutos, conte a todas as crianças as histórias engraçadas. Pergunte às crianças: **Como você se sentiu quando não sabia o que dissemos um para o outro? Você estava curioso? Você sentiu ciúmes? Quando os anciãos subiram ao monte Sinai, o restante dos israelitas tiveram que esperar para descobrir o que havia acontecido. Na nossa próxima lição, nós aprenderemos o que aconteceu enquanto os israelitas esperavam.**

🧩 ATIVIDADE PARA CRIANÇAS MAIS VELHAS

Você vai precisar de

- Uma variedade de frutas ou queijos em pequenos tamanhos

- Copos pequenos

- Palitos de dente

Prepare antes da aula: Coloque os petiscos nos copos de papel, um para cada aluno. Cada copo também deverá ter um palito e ser dado a cada aluno.

Coloque os alunos em pares. Peça a um aluno que feche os olhos enquanto o outro usa um palito de dentes para lhe dar um pedaço de comida. Depois que o copo estiver vazio, peça aos parceiros que mudem de papel. Pergunte aos alunos como eles se sentiram dependendo de alguém para fornecer algo que eles queriam. Eles estavam mais interessados em dar ou receber?

Diga: **As alianças envolvem promessas mútuas. Deus promete nos abençoar e proteger, e nós prometemos confiar e obedecer. Estamos tão ansiosos para confiar e obedecer como estamos para ser abençoados e protegidos?** Discuta o que isso significa.

TREINAMENTO PARA A GINCANA BÍBLICA

Veja a seção "Perguntas para a Gincana Bíblica" para as perguntas práticas do grupo vermelho e azul para esta lição.

EU DESEJO HABITAR NO MEIO DE VOCÊS
Êxodo 25:1-22

VERSÍCULO PARA MEMORIZAR

Honra teu pai e tua mãe, a fim de que tenhas vida longa na terra que o Senhor, o teu Deus, te dá.

Êxodo 20:12

VERDADES SOBRE DEUS

*Esta lição ensinará as seguintes verdades sobre Deus. O asterisco * indica a principal verdade que você deve ensinar às crianças.*

* Deus deu instruções para o seu local de habitação.

· Deus deseja estar perto do seu povo.

· Deus não força as pessoas a servi-Lo ou doar algo a Ele.

FOCO DA LIÇÃO E RESUMO

Neste estudo, as crianças aprenderão que Deus desejou uma habitação para poder viver entre o seu povo.

1. O Senhor planejou viver entre os israelitas.

2. As pessoas deviam trazer itens valiosos para construir o tabernáculo de Deus (local de habitação).

3. O Senhor aceitaria ofertas de pessoas que doariam voluntariamente.

4. O Senhor deu instruções sobre como construir a Arca da Aliança.

CONTEXTO BÍBLICO

Depois da cerimônia da aliança, Moisés subiu ao monte para se encontrar com Deus e recebeu as tábuas de pedra. Essas tábuas continham as leis e foram escritas pelo próprio Deus. Deus planejou viver entre os israelitas. As instruções de Deus para se preparar para a Sua presença revelaram muito sobre Deus e o que Ele esperava do povo da aliança.

Deus realmente habitaria entre o seu povo! Isso significava que o Senhor pretendia preencher o espaço que o pecado criou entre Ele e o povo da aliança. Sua presença ajudaria os israelitas a tornarem-se mais santos e a assegurar-lhes o seu cuidado e proteção. Deus escolheu tornar a Sua presença conhecida no Tabernáculo através da Arca da Aliança.

Ao aproximar-se de Israel, Deus não relaxou os seus padrões nem aumentou a sua tolerância pelo pecado. Em vez disso, a Sua presença aumentou as responsabilidades de Israel. As regras da adoração adequada tinham a intenção de ensiná-los sobre Deus. No processo, também aumentaria o amor e apreciação deles por Deus. Era importante que Deus estivesse com o Seu povo. Era igualmente importante que eles o respeitassem e o servissem de forma voluntária.

VOCÊ SABIA?

O ouro e a prata que os israelitas deram foram o mesmo ouro e prata que os egípcios lhes deram quando eles saíram do Egito.

VOCABULÁRIO

Palavras de Fé

Sacrifício significa desistir de algo importante ou fazer algo difícil para agradar a Deus. Também pode significar um presente especial dado a Deus.

Termos

Madeira de acácia é uma madeira marrom-alaranjada de uma árvore grande e espinhosa. A madeira é dura e não é destruída facilmente por insetos.

Um **Éfode** é um colete especial que o sumo sacerdote usava quando servia no altar.

O **Tabernáculo** era a tenda que servia como local de adoração para os israelitas. Deus encontrou-se com o seu povo no Tabernáculo enquanto o adoravam.

Querubins ou um **anjo** eram anjos que frequentemente serviam como mensageiros de Deus.

Um **côvado** era uma unidade de medida na Bíblia. Um côvado era de aproximadamente quarenta e cinco centímetros de comprimento.

ATIVIDADE PARA CONTAR A HISTÓRIA

Toda semana você usará os dois primeiros itens.

1. A mala de viagem da lição 1

2. O contêiner de armazenamento (saco, cesto ou caixa). Armazene os itens das lições anteriores neste contêiner toda semana.

3. Itens para a história de hoje

- Um envelope ou prato de oferta

- Instruções para um jogo

- Um pequeno baú de brinquedo ou caixa de lembrança

- Uma estatueta de anjo e leão ou fotos dessas duas coisas

Antes da aula

- Leia Êxodo 25:1-22

- Reúna os itens para a história de hoje. Substitua uma imagem por qualquer item não disponível.

- Transfira todos os itens das aulas anteriores da mala de viagem para o contêiner de armazenamento. Coloque isso ao lado da área onde a história será contada.

- Coloque os itens da história de hoje dentro da mala de viagem. Coloque a mala de viagem na área onde a história será contada.

Atividade de Abertura: Siga o Líder

Diga às crianças para formarem uma fila, uma atrás da outra. Escolha uma criança para ser o líder. Diga às crianças que elas devem observar o líder e imitar tudo o que o líder fizer. O líder lidera o grupo pela sala. Ele ou ela usa gestos, sons ou caminhos diferentes para as crianças imitarem. Por exemplo, o líder anda como um bebê, com passos largos ou saltos. Termine o jogo na área onde a história será contada.

Revisão Opcional da Lição

Peça a um voluntário para selecionar um item do contêiner de armazenamento e explique o que ele representou na lição anterior.

Hora da história: leia estas instruções antes de começar.

1. Conte a história com suas próprias palavras. Remova cada item da mala enquanto você ilustra um ponto principal. Concentre-se nos pontos principais. Se você estiver confortável, inclua mais detalhes. Se necessário, use o roteiro sugerido.

2. Ao contar a história, exiba cada item na ordem em que está listado. Coloque-os onde as crianças possam ver.

3. Depois de contar a história, coloque todos os itens dentro da mala novamente.

4. Para revisar a história, remova o primeiro item. Peça a um voluntário para dizer o que ele representa. Mostre este item. Repita este processo até que a história seja recontada.

5. Revise os gestos descritos abaixo para facilitar a memorização. Demonstre este gesto toda vez que você mencionar o que ele representa.

6. Diga: **Nós continuamos em nossa expedição para explorar o livro de Êxodo. Coloquei em nossa mala de viagem ferramentas que precisaremos. Hoje nossa jornada começa com...**
   Pegue os itens enquanto conta a história.

Os pontos principais em ordem

1. Um envelope ou prato de oferta – Diga: **Deus disse a Moisés que aceitasse uma oferta de todos os homens cujos corações os incentivassem a dar. Deus pediu-lhes que dessem metais preciosos, como ouro e prata, lindos tecidos, peles e pedras preciosas. Eles usaram as ofertas para construir o Tabernáculo.**

2. Instruções do jogo – Diga: **Deus deu a Moisés instruções detalhadas para seguir quando ele construiu o Tabernáculo e os seus móveis.**

3. Um baú de brinquedos – Diga: **Deus disse a Moisés para construir a Arca da Aliança. Mas esta arca não era um barco flutuante. Ao invés disso, era uma caixa que guardava itens importantes da história dos israelitas e sua adoração. Um desses itens foi chamado de Testemunho. Este item era a tábua de pedra na qual os Dez Mandamentos foram escritos.**

4. A figura de um anjo e leão ou imagens – Diga: **O povo fez dois querubins para colocar no topo da arca. Ninguém sabe exatamente como os querubins pareciam. Algumas pessoas acham que pareciam um leão com asas.**

5. Gestos Para Facilitar a Memorização - Peça às crianças para moverem o punho para frente e para trás, como se fossem serrar madeira para construir a Arca da Aliança. Ou convide as crianças a pensarem em outro movimento. Diga: **Enquanto eu conto a história, faça esse movimento quando você ouvir o que ele representa.**

6. Diga: **Agora é a sua vez de contar a história.** Coloque os itens dentro da mala. Peça às crianças que se revezem e escolham um item da mala, sem olhar. Peça para elas explicarem o que isso significa ou para rever o gesto para facilitar a memorização. Depois que todos os itens forem removidos, peça às crianças que os coloquem na ordem correta da história.

📖 LIÇÃO BÍBLICA

Dicas de aprendizado

Ao liderar o estudo bíblico, enfatize essas ideias

- O Senhor queria viver entre o Seu povo. Ele queria estar perto deles.

- A lista de coisas que o Senhor queria para o seu Tabernáculo pode parecer estranha para nós, mas era uma lista de coisas muito preciosas e valiosas para os israelitas. Foi um grande sacrifício para um israelita dar esses itens para a construção do Tabernáculo do Senhor.

Leia as Escrituras

Leia Êxodo 25:1-22 em voz alta.

Perguntas para Discussão

Discuta a história e faça as seguintes perguntas às crianças. Lembre-se de que pode não haver uma resposta certa ou errada.

1. Imagine que você fosse um israelita. Como você se sentiria se aprendesse que o Senhor queria morar perto de você em uma casa especial?

2. Qual é o seu bem mais valioso? Por que é tão valioso para você?

3. Em uma escala de 1-10 (1 = nada difícil e 10 = extremamente difícil), quão difícil seria para você entregar os seus bens mais valiosos ao Senhor se Ele os pedisse?

4. Deus só queria as ofertas dos homens cujos corações os incentivavam a dar. O que você acha que teria acontecido se os israelitas não oferecessem as suas ofertas com prazer?

5. Por que você acha que era tão importante para os israelitas seguirem exatamente as instruções do Senhor para construírem o Tabernáculo? Quão fácil você acha que foi para os israelitas seguirem exatamente os mandamentos do Senhor?

Pensamentos Finais

Este é o pensamento que você quer que as crianças se lembrem.

Diga: **Deus deu instruções para a Sua morada.**

Como você pode servir a Deus? Pense nisso! Neste estudo bíblico, nós aprendemos que Deus queria viver entre o Seu povo. Ele queria um relacionamento mais próximo com os israelitas. Ele queria que eles construíssem uma casa para Ele com seus melhores tesouros, mas somente se eles dessem com prazer. Deus deu instruções específicas para fazer o Tabernáculo.

O Senhor também deseja ter um relacionamento íntimo com você. Você não precisa ser perfeito. Deus quer que você o obedeça porque você o ama de todo o coração. Deus quer que você obedeça mesmo que seja difícil. Ele não fará com que você obedeça e sacrifique alguma coisa. Se você o ama e o obedece, o Senhor promete viver com você, assim como Ele fez com os israelitas.

✓ ATIVIDADE PARA MEMORIZAR O VERSÍCULO

Veja a página "Atividades para memorizar versículos" com sugestões que ajudarão as crianças a aprenderem o versículo para memorização.

⊞ ATIVIDADES COMPLEMENTARES

Para aprender mais sobre o antigo Egito e a cultura na qual os israelitas viviam, considere estas opções.

1. Faça uma Arca da Aliança "viva". Leia a descrição da Arca da Aliança, em 25: 1-22. Peça às crianças que representem cada item, incluindo os dois querubins, duas varas, arca e a tampa. Se possível, tire uma foto da sua Arca da Aliança "viva" e coloque-a na sua sala de aula.

2. Faça um modelo da arca usando as descrições dadas em Êxodo 25. Coloque-a em seu modelo de papel-machê do acampamento israelita.

3. Quão importante era a Arca da Aliança para os israelitas? Pesquise isso e o poder de Deus associado. Leia Josué 3:15-17; Josué 6:2-7; 1 Samuel 5:1-12; 1 Crônicas 13:10. Faça um livreto que descreva e ilustre as suas descobertas.

4. Revise todos os "**Gestos Para Facilitar a Memorização**" das histórias até agora. Demonstre um movimento e pergunte às crianças o que ele representa. Ou descreva o que ele representa e veja se as crianças podem demonstrar o movimento. Um de cada vez, permita que as crianças liderem a atividade.

Fazendo melhor

Você vai precisar de

- Legos grandes ou blocos de construção

- Uma mesa

Um de cada vez, convide as crianças para ajudar a construir uma casa com os blocos de construção. Depois que a casa estiver terminada, diga: **Esta é uma boa casa para um brinquedo pequeno. Como a casa precisaria mudar se fosse para um peixe? ...Um cachorro? ...Ou uma pessoa real? O que seria diferente?** Discuta as respostas para essas perguntas. Então diga: **Deus planejou que os israelitas construíssem o Tabernáculo, um lugar para Ele morar entre eles. Então, Deus deu aos israelitas instruções claras sobre como fazê-lo, os materiais exatos a serem usados e o tamanho exato para fazer isso. Na lição desta semana, aprendemos sobre uma das coisas especiais que aconteceriam no Tabernáculo.**

⊞ ATIVIDADE PARA CRIANÇAS MAIS VELHAS

Você vai precisar de

- Grandes folhas de papel, uma para cada grupo

- Marcadores ou lápis para cada grupo

1. Organize os alunos em pequenos grupos e entregue a cada grupo o material de desenho. Peça aos alunos que desenhem coisas que os lembrem da presença de Deus. Depois de alguns minutos, peça aos grupos para

explicarem os seus desenhos. Pergunte aos alunos o que os israelitas tinham que era uma lembrança muito importante da presença de Deus. A resposta é a Arca da Aliança.

2. Pergunte aos alunos: **O que você conhece sobre a Arca da Aliança? Por que ela foi construída?** Discuta que a arca era um lembrete físico da aliança de Deus com o povo. Diga: **Toda vez que os israelitas olhavam para o Tabernáculo, eles se lembravam da presença de Deus.** Compartilhe com os alunos algo que te lembra a presença de Deus. Depois, pergunte aos alunos: **O que lembra você de que Deus está próximo?**

Ore e agradeça a Deus pela maneira que Ele nos lembra de Sua presença e Seu amor por nós.

TREINAMENTO PARA A GINCANA BÍBLICA

Veja a seção "Perguntas para a Gincana Bíblica" para as perguntas práticas do grupo vermelho e azul para esta lição.

LEVANTANDO A CASA DE DEUS
Êxodo 25:23 — 28:5; 30:1-10, 17-21

VERSÍCULO PARA MEMORIZAR

Não matarás. Não adulterarás. Não furtarás. Não darás falso testemunho contra o teu próximo.

Êxodo 20:13-16

VERDADES SOBRE DEUS

*Esta lição ensinará as seguintes verdades sobre Deus. O asterisco * indica a principal verdade que você deve ensinar às crianças.*

* Deus ensinou o Seu povo como adorá-Lo.

· Deus ensina as pessoas como segui-Lo.

· Deus dá sabedoria às pessoas.

FOCO DA LIÇÃO E RESUMO

Neste estudo, as crianças aprenderão que Deus ensinou as pessoas como ser o Seu povo santo.

1. Deus disse aos israelitas exatamente como construir o Tabernáculo e todos os seus móveis.

2. Arão e seus filhos eram para ser os sacerdotes de Deus.

3. O Lugar Santo e o Lugar Santíssimo eram lugares especiais para Deus.

4. A Lei da Arca da Aliança foi a única coisa colocada no Lugar Santíssimo.

CONTEXTO BÍBLICO

Por que Deus era tão específico sobre a construção do Tabernáculo, seus móveis, utensílios e os métodos de adoração? Os israelitas sabiam muito pouco a respeito de Deus. Por centenas de anos, eles foram moldados pela superstição, pela feitiçaria e pela idolatria. Eles precisavam de muita educação e treinamento. As instruções de Deus foram feitas para desenvolver pensamentos e comportamentos piedosos.

Israel precisava aprender sobre a natureza e o caráter de Deus. Eles precisavam aprender o caminho do amor santo e limites saudáveis. Eles tinham que aprender obediência, misericórdia, honestidade, humildade, perdão e graça. Eles precisavam entender como Deus provê e cuida do Seu povo. Eles precisavam aprender que a resposta apropriada à bondade de Deus é oferecer-nos a Ele e os nossos dons de volta a Ele. Deus ensinaria como o povo lhes daria respeito. Ele ajudou-os a viver uma vida fiel, cheia de gratidão.

Eles aprenderiam a importância da pureza espiritual e da oração constante.

Eles precisariam reaprender essas lições muitas vezes. Isso ainda é verdade para nós hoje, pois Deus continua a nos perdoar e nos remodelar à sua imagem.

VOCÊ SABIA?

O sumo sacerdote só podia entrar no Lugar Santíssimo quando Deus o instruísse a entrar. Se ele falhasse em seguir as instruções do Senhor, ele morreria.

VOCABULÁRIO

Palavras de Fé

Sabedoria é usar bons conhecimentos para fazer escolhas certas. A sabedoria vem de Deus.

Pessoas

Eleazar e **Itamar** eram os filhos mais novos de Arão, que eram sacerdotes.

Nadabe e **Abiú** eram os filhos mais velhos de Arão, que eram sacerdotes.

Termos

O **Lugar Santo** era a sala no Tabernáculo onde o candelabro, a mesa e o altar de incenso eram mantidos. Somente os sacerdotes podiam entrar no Lugar Santo.

Incenso é uma substância que produz fumaça com cheiro adocicado quando queimado.

O **Lugar Santíssimo** era o quarto atrás de uma cortina no Lugar Santo. Lá estava a Arca da Aliança. Isso representava a sala do trono de Deus.

A **Tenda do Encontro** era outro nome para o Tabernáculo.

ATIVIDADE PARA CONTAR A HISTÓRIA

Toda semana você usará os dois primeiros itens.

1. A mala de viagem da lição 1

2. O contêiner de armazenamento (saco, cesto ou caixa). Armazene os itens das lições anteriores neste contêiner toda semana.

3. Itens para a história de hoje

• Pães

• Uma lanterna

• Um paletó

• Desinfetante para as mãos ou sabão

Antes da aula

• Leia Êxodo 25:23 — 28:5; 30:1-10, 17-21

• Reúna os itens para a história de hoje. Substitua uma imagem por qualquer item não disponível.

• Transfira todos os itens das aulas anteriores da mala de viagem para o contêiner de armazenamento. Coloque isso ao lado da área onde a história será contada.

• Coloque os itens da história de hoje dentro da mala de viagem. Coloque a mala de viagem na área onde a história será contada.

Atividade de Abertura: Siga o Líder

Diga às crianças para formarem uma fila, uma atrás da outra. Escolha uma criança para ser o líder. Diga às crianças que elas devem observar o líder e imitar tudo o que o líder fizer. O líder lidera o grupo pela sala. Ele ou ela usa gestos,

sons ou caminhos diferentes para as crianças imitarem. Por exemplo, o líder anda como um bebê, com passos largos ou saltos. Termine o jogo na área onde a história será contada.

Revisão Opcional da Lição

Peça a um voluntário para selecionar um item do contêiner de armazenamento e explique o que ele representou na lição anterior.

Hora da história: leia estas instruções antes de começar.

1. Conte a história com suas próprias palavras. Remova cada item da mala enquanto você ilustra um ponto principal. Concentre-se nos pontos principais. Se você estiver confortável, inclua mais detalhes. Se necessário, use o roteiro sugerido.

2. Ao contar a história, exiba cada item na ordem em que está listado. Coloque-os onde as crianças possam ver.

3. Depois de contar a história, coloque todos os itens dentro da mala novamente.

4. Para revisar a história, remova o primeiro item. Peça a um voluntário para dizer o que ele representa. Mostre este item. Repita este processo até que a história seja recontada.

5. Revise os gestos descritos abaixo para facilitar a memorização. Demonstre este gesto toda vez que você mencionar o que ele representa.

6. Diga: **Nós continuamos em nossa expedição para explorar o livro de**

Êxodo. Coloquei em nossa mala de viagem ferramentas que precisaremos. Hoje nossa jornada começa com...

Pegue os itens enquanto conta a história.

Os pontos principais em ordem

1. Pães – Diga: **Em Êxodo 25:30, Deus continuou a dar instruções para Moisés construir o Tabernáculo e fazer os itens. Ele disse que os pães da Presença deveriam estar na mesa em todos os momentos.**

2. Lanterna – Diga: **Em Êxodo 25:31-40, Deus disse para fazer um candelabro com seis braços e sete lâmpadas. Aproximadamente 75 libras de ouro puro foram usadas para fazer o candelabro e seus cortadores de pavio e as bandejas. As lâmpadas queimavam de noite até a manhã todos os dias.**

3. Paletó – Diga: **Arão e seus quatro filhos, Nadabe, Abiú, Eleazar e Itamar, serviram como sacerdotes de Deus. As pessoas fizeram roupas sacerdotais especiais para eles usarem. Essas vestes sagradas davam aos sacerdotes dignidade e honra.**

4. Desinfetante para as mãos ou sabão – Diga: **Deus exigiu que Arão e seus filhos lavassem as mãos e os pés a qualquer momento que eles entrassem no Tabernáculo ou oferecessem um sacrifício. Eles lavavam em uma bacia de bronze que estava cheia de água para esta finalidade.**

5. Gestos Para Facilitar a Memorização - Diga às crianças para segurarem as mãos na frente delas, tocando os dedos, em forma de tenda para indicar o Tabernáculo. Ou convide as crianças a pensar em outra movimento. Diga: **Enquanto eu conto a história, faça esse movimento quando você ouvir o que ele representa.**

6. Diga: Agora é a sua vez de contar a história. Coloque os itens dentro da mala. Peça às crianças que se revezem e escolham um item da mala, sem olhar. Peça para elas explicarem o que isso significa ou para rever o gesto para facilitar a memorização. Depois que todos os itens forem removidos, peça às crianças que os coloquem na ordem correta da história.

✝ LIÇÃO BÍBLICA

Dicas de aprendizado

Ao liderar o estudo bíblico, enfatize essas ideias

- Enfatize que o Senhor deu instruções específicas para a construção do Tabernáculo e também para cada item que fosse colocado dentro do Tabernáculo para ser usado para adoração.

- Se possível, forneça uma cópia impressa de Êxodo 25-30 para cada criança. Destaque a parte das escrituras para este estudo bíblico para ajudar as crianças a encontrarem as respostas mais facilmente.

· Faça um desenho grande ou encontre uma imagem grande do Tabernáculo. Pendure-o e refira-se a ele enquanto estiver ensinando. Incentive as crianças a desenharem o que é descrito.

Leia as Escrituras

Êxodo 25:23-30: Mesa, Pratos, Tigelas e Bacias, e Pães

Êxodo 25:31-32, 37: Candelabro

Êxodo 27:20-21: Azeite e Fogo

Êxodo 26:1-13: Tabernáculo

Êxodo 26:14-33: Cobertura da Tenda

Êxodo 26:30, 34-37: Lugar Santo e Lugar Santíssimo

Êxodo 27:1-19: Pátio

Êxodo 28:1-5: Vestuário Sacerdotal

Êxodo 30:1-10: Altar de Incenso

Perguntas para Discussão

Discuta a história e faça as seguintes perguntas às crianças. Lembre-se de que pode não haver uma resposta certa ou errada.

1. **Por que você acha que o Senhor deu instruções detalhadas para tudo que envolvia o Tabernáculo?**

2. **O Senhor foi egoísta pedindo ao povo que usasse os seus melhores materiais para fazer o Tabernáculo? Por que sim ou por que não?**

3. **Qual dos móveis do Tabernáculo parece mais interessante para você? Por quê?**

4. **Por que você acha que os sacerdotes tinham que lavar as mãos e os pés quando entravam na Tenda do Encontro?**

5. **O Tabernáculo era a habitação de Deus. Onde está a habitação de Deus hoje?**

Pensamentos Finais

Este é o pensamento que você quer que as crianças se lembrem.

Diga: **Deus ensinou o seu povo a adorá-lo.**

Altares, candelabros e arcas! O que essas coisas têm a ver conosco? Pense nisso. Os israelitas não sabiam adorar o Senhor. Eles sabiam muito mais sobre deuses egípcios do que sobre o Senhor. O Senhor providenciou o Tabernáculo para que os israelitas tivessem um lugar para encontrá-lo e adorá-lo. Ele também providenciou sacerdotes para liderar a adoração.

Hoje as igrejas são um lugar onde adoramos a Deus. Deus nos ajuda a aprender como adorar através de pastores e líderes de louvor. Nesta semana, agradeça ao Senhor por mostrar a você como adorar e como se aproximar Dele.

✅ ATIVIDADE PARA MEMORIZAR O VERSÍCULO

Veja a página "Atividades para memorizar versículos" com sugestões que ajudarão as crianças a aprenderem o versículo para memorização.

🧩 ATIVIDADES COMPLEMENTARES

Para aprender mais sobre o antigo Egito e a cultura na qual os israelitas viviam, considere estas opções.

1. Pesquise online alguns websites bíblicos para ver diferentes ideias de como seria a aparência do Tabernáculo.

2. Siga as descrições detalhadas em Êxodo para construir um modelo do Tabernáculo.

3. Pesquise várias ideias sobre o que pode ter acontecido com a Arca da Aliança. Por que você acha que Deus permitiu que a arca se perdesse?

Manteiga de amendoim & geleia – Do meu jeito

Você vai precisar de

- Um pote de manteiga de amendoim

- Um pote de geleia

- Pão

- Uma faca

- Uma colher

- Papel toalha

- Um ajudante adulto

Prepare: instrua o seu ajudante de que ele ou ela deve seguir exatamente todas as instruções dadas.

Peça ao seu ajudante para sentar em uma cadeira na frente de todos. Diga à classe que o seu ajudante precisa de instruções para fazer um sanduíche de manteiga de amendoim e geleia. Diga: **Você pode dizer a ele como fazer o sanduíche?** Enquanto as crianças dão instruções, o ajudante deve segui-las exatamente. Por exemplo, se as crianças disserem: "Coloque a manteiga de amendoim no pão", isso deve fazer com que o ajudante coloque o pote em cima do pão ou use o dedo em vez de uma faca para espalhar a manteiga de amendoim no pão. Quando o sanduíche finalmente for feito, discuta a necessidade de instruções detalhadas para fazer algo tão simples como um sanduíche de amendoim e geleia. Diga: **Hoje aprendemos que é importante dar instruções claras. Deus deu aos israelitas instruções detalhadas para fazer a sua casa, o Tabernáculo e seus móveis.**

ATIVIDADE PARA CRIANÇAS MAIS VELHAS

Diga: **Deus tinha muito a dizer sobre o Tabernáculo. Discuta por que Deus era tão específico.** Diga: **Deus queria que o Seu povo soubesse como Ele é santo e como honrá-lo em adoração. Quão importante é para nós saber e fazer isso?**

Realize uma disputa sobre a adoração. Peça a todos os alunos que procurem simultaneamente em sua Bíblia uma referência nas escrituras quando você disser "vai". Peça ao primeiro aluno para encontrar o versículo para que leia em voz alta para a classe e descreva o que ele nos diz sobre adoração.

- Salmo 95:6, a necessidade de humildade

- Salmo 100:2, maneiras de adorar

- João 4:24, como devemos adorar

- Romanos 12:1-2, a necessidade de compromisso total

TREINAMENTO PARA A GINCANA BÍBLICA

Veja a seção "Perguntas para a Gincana Bíblica" para as perguntas práticas do grupo vermelho e azul para esta lição.

UMA DECISÃO MUITO RUIM
Êxodo 32:1-30

VERSÍCULO PARA MEMORIZAR

Não cobiçarás a casa do teu próximo. Não cobiçarás a mulher do teu próximo, nem seus servos ou servas, nem seu boi ou jumento, nem coisa alguma que lhe pertença.

Êxodo 20:17

VERDADES SOBRE DEUS

*Esta lição ensinará as seguintes verdades sobre Deus. O asterisco * indica a principal verdade que você deve ensinar às crianças.*

* Deus não permitiu que o Seu povo continuasse a adorar outros deuses.

· Deus vê o que as pessoas fazem, não importa onde elas estejam.

· Deus responsabiliza as pessoas por suas ações.

FOCO DA LIÇÃO E RESUMO

Neste estudo, as crianças aprenderão que Deus espera que o Seu povo adore somente a Ele e viva uma vida santa.

1. Os israelitas pensaram que Moisés e Deus os tinham abandonado no deserto. Antes de deixarem o Egito, eles adoraram os deuses de faraó por muitas gerações. Em seu medo e raiva, eles voltaram para a adoração de falsos deuses.

2. Eles pediram que Arão os liderasse para adorar ídolos. Arão concordou. Ele construiu um altar e fez um bezerro de ouro para eles adorarem.

3. O Senhor disse para Moisés o que o povo tinha feito. Moisés desceu da montanha.

4. Quando Moisés viu que Arão deixou o povo correr solto, ele assumiu o controle e restaurou a ordem.

CONTEXTO BÍBLICO

Moisés encontrou-se com Deus na montanha por muitos dias e noites. Enquanto o Senhor dava a Moisés instruções detalhadas para construir o Tabernáculo, os israelitas tornaram-se impacientes e rebeldes. Eles achavam que Moisés os abandonara. Então eles se voltaram para os únicos deuses que haviam conhecido antes de Deus. Suas famílias adoravam os deuses do faraó por gerações. Eles exigiram que Arão os fizessem um ídolo dos deuses egípcios. Arão era um líder fraco. Ele concordou em fazer isso, mesmo sabendo que estava errado.

A punição por quebrar a aliança com Deus era a morte. Deus disse a Moisés que puniria aqueles que quebrassem a aliança. Embora Moisés estivesse zangado com o povo, ele pediu a Deus que tivesse misericórdia deles. Moisés não deu desculpas para o pecado deles. Em vez disso, ele confessou seus pecados e pediu a Deus para perdoá-los. Moisés lembrou a Deus de sua promessa a Abraão. Ele pediu a Deus que considerasse que os egípcios tinham afirmado que Deus havia libertado os israelitas da escravidão para que Ele pudesse destruí-los completamente no deserto. As orações de Moisés persuadiram Deus a ter misericórdia de Israel. Deus adiou a punição por tempo suficiente para dar-lhes a chance de se arrependerem. Ele poupou aqueles que se arrependeram, mas destruiu aqueles que se recusaram a arrepender-se.

🔍 VOCÊ SABIA?

O bezerro de ouro feito por Arão provavelmente se assemelhava a um ídolo de Apis, o deus egípcio do touro. Fazer esse ídolo estava errado. Deus lhes disse para não fazerem nenhum ídolo. Jesus é o único exemplo visível de quem Deus É e como Ele É.

❓ VOCABULÁRIO

Palavras de Fé

Mal é qualquer coisa ou alguém que se opõe a Deus. Deus é bom e o mal é o oposto do bem.

Pessoas

Levitas eram pessoas da tribo de Levi. Moisés e Arão foram levitas.

Abraão, **Isaque** e **Jacó**, que também é conhecido como **Israel**, são os homens com quem Deus fez uma aliança para dar aos israelitas a Terra Prometida.

Termos

Farra significa uma maneira louca de celebrar que não agrada a Deus.

Motivo de riso é o comportamento tolo de uma pessoa que faz com que os outros a zombem e ridicularizem.

ATIVIDADE PARA CONTAR A HISTÓRIA

Toda semana você usará os dois primeiros itens.

1. A mala de viagem da lição 1

2. O contêiner de armazenamento (saco, cesto ou caixa). Armazene os itens das lições anteriores neste contêiner toda semana.

3. Itens para a história de hoje

- Uma vaca de brinquedo

- Decorações de festa

- Uma garrafa de água

Antes da aula

- Leia Êxodo 32:1-30

- Reúna os itens para a história de hoje. Substitua uma imagem por qualquer item não disponível.

- Transfira todos os itens das aulas anteriores da mala de viagem para o contêiner de armazenamento. Coloque isso ao lado da área onde a história será contada.

- Coloque os itens da história de hoje dentro da mala de viagem. Coloque a mala de viagem na área onde a história será contada.

Atividade de Abertura: Siga o Líder

Diga às crianças para formarem uma fila, uma atrás da outra. Escolha uma criança para ser o líder. Diga às crianças que elas devem observar o líder e imitar tudo o que o líder fizer. O líder lidera o grupo pela sala. Ele ou ela usa gestos, sons ou caminhos diferentes para as crianças imitarem. Por exemplo, o líder anda como um bebê, com passos largos ou saltos. Termine o jogo na área onde a história será contada.

Revisão Opcional da Lição

Peça a um voluntário para selecionar um item do contêiner de armazenamento e explique o que ele representou na lição anterior.

Hora da história: leia estas instruções antes de começar.

1. Conte a história com suas próprias palavras. Remova cada item da mala enquanto você ilustra um ponto principal. Concentre-se nos pontos principais. Se você estiver confortável, inclua mais detalhes. Se necessário, use o roteiro sugerido.

2. Ao contar a história, exiba cada item na ordem em que está listado. Coloque-os onde as crianças possam ver.

3. Depois de contar a história, coloque todos os itens dentro da mala novamente.

4. Para revisar a história, remova o primeiro item. Peça a um voluntário para dizer o que ele representa. Mostre este item. Repita este processo até que a história seja recontada.

5. Revise os gestos descritos abaixo para facilitar a memorização. Demonstre este gesto toda vez que você mencionar o que ele representa.

6. Diga: **Nós continuamos em nossa expedição para explorar o livro de Êxodo. Coloquei em nossa mala de**

viagem ferramentas que precisaremos. Hoje nossa jornada começa com...
Pegue os itens enquanto conta a história.

Os pontos principais em ordem

1. Uma vaca de brinquedo – Diga: **Moisés ficou na montanha por muito mais tempo que os israelitas esperavam. Eles não sabiam o que tinha acontecido com ele. Eles estavam com medo e com raiva. Eles pensaram que Deus e Moisés haviam abandonado eles. Então, eles queriam voltar a fazer o que faziam antes que Moisés os apresentasse a Deus. Eles queriam adorar os deuses que eles adoraram por gerações antes de deixarem o Egito. Eles disseram a Arão "Venha, faça para nós deuses que nos conduzam". Arão não resistiu ou recusou. Em vez disso, ele fez exatamente o que eles queriam, mesmo que fosse mal. Arão pegou seus brincos e fez um ídolo de ouro na forma de um bezerro. Eles adoraram o ídolo e disseram "Eis aí os seus deuses, ó Israel, que tiraram vocês do Egito!"**

2. Decorações de festa – Diga: **Os israelitas fizeram uma festa para os seus deuses egípcios. Eles ofereceram holocaustos e ofertas de comunhão ao bezerro de ouro. Então eles comeram, beberam e se entregaram à farra. Deus contou a Moisés o que havia acontecido. Quando Moisés desceu da montanha e viu o que eles estavam fazendo, ele jogou as tábuas de pedra nas quais Deus havia escrito os Dez Mandamentos. As tábuas se quebraram em pedaços.**

3. Uma garrafa de água – Diga: **Moisés derreteu o bezerro de ouro e moeu o ouro em pó. Ele misturou o pó de ouro com água e fez os israelitas beberem. Mais tarde, Moisés orou a Deus para perdoar Seu povo.**

4. Gestos Para Facilitar a Memorização - Diga às crianças para puxarem os lóbulos das orelhas para indicar que os israelitas tiram os brincos para fazer o bezerro de ouro. Ou convide as crianças a pensar em outro movimento. Diga: **Enquanto eu conto a história, faça esse movimento quando você ouvir o que ele representa.**

5. Diga: **Agora é a sua vez de contar a história.** Coloque os itens dentro da mala. Peça às crianças que se revezem e escolham um item da mala, sem olhar. Peça para elas explicarem o que isso significa ou para rever o gesto para facilitar a memorização. Depois que todos os itens forem removidos, peça às crianças que os coloquem na ordem correta da história.

🕮 LIÇÃO BÍBLICA

Dicas de aprendizado

Ao liderar o estudo bíblico, enfatize essas ideias

- Os israelitas quebraram os dois primeiros mandamentos quando adoraram o bezerro de ouro.

- Em vez de ser um líder forte como Moisés, Arão deu ao povo o que eles queriam. As consequências de sua covardia e liderança fraca afetaram os israelitas por um longo tempo.

Leia as Escrituras

Leia Êxodo 32:1-30 em voz alta.

Perguntas para Discussão

Discuta a história e faça as seguintes perguntas às crianças. Lembre-se de que pode não haver uma resposta certa ou errada.

1. Por que as pessoas pediram a Arão para fazer um ídolo?

2. Em Êxodo 25, os israelitas trouxeram ofertas de ouro a Moisés para o Senhor. Como essa oferta era diferente daquela?

3. Por que a adoração do bezerro de ouro era tão terrível? Se necessário, lembre-os da informação do "Você sabia" sobre o deus egípcio boi, Apis.

4. Arão deu a Moisés boas razões ou más desculpas para suas ações? O que você acha que teria acontecido se Arão tivesse se recusado a dar às pessoas o que elas queriam?

5. O que Moisés fez com o bezerro de ouro? Por que você acha que ele agiu assim?

Pensamentos Finais

Este é o pensamento que você quer que as crianças se lembrem.

Diga: **Deus se recusou a permitir que o seu povo adorasse outros deuses.**

O que os israelitas estavam pensando? O Senhor fez muito por eles. Mas quando sua fé tão jovem foi testada, eles voltaram para a adoração de seus antigos deuses. Os israelitas tiveram que aprender uma lição difícil. Seguir a Deus significa aprender novos caminhos e vivê-los. Você não pode seguir a Deus e se agarrar aos velhos modos de pensar e agir.

Os israelitas fizeram um bezerro de ouro. Mas, um ídolo pode ser qualquer coisa ou alguém que gostamos, confiamos ou valorizamos mais que a Deus. Você tem algum ídolo em sua vida? Se for sim, confesse isso a Deus e peça ao Senhor que perdoe a sua idolatria. O Senhor te ama e quer um relacionamento profundo com você. Ele não quer nada nem ninguém entre você e Ele.

✓ ATIVIDADE PARA MEMORIZAR O VERSÍCULO

Veja a página "Atividades para memorizar versículos" com sugestões que ajudarão as crianças a aprenderem o versículo para memorização.

🧩 ATIVIDADES COMPLEMENTARES

Para aprender mais sobre o antigo Egito e a cultura na qual os israelitas viviam, considere estas opções.

1. Quem eram os levitas? Leia as seguintes passagens e escreva um parágrafo contando o que você aprendeu. Gênesis 29:31-34; 35:23; 49:1-2, 5-7; Êxodo 2:1-2; 31:36; Números 1:53; 2:17; 3:1-51

2. Crie um diálogo imaginário entre Moisés e Josué quando eles retornam ao acampamento israelita. O que eles poderiam ter dito um ao outro?

3. Peça aos voluntários para identificar erros que os israelitas e Arão fizeram e por que eles se comportaram daquela maneira.

Ídolos de ouro

Você vai precisar de

· Massinha ou argila para cada criança.

Dê a cada criança uma porção de massinha ou argila. Diga-lhes que finjam que são de ouro, que eles são os israelitas e que você é Arão. Pergunte-lhes o que os israelitas queriam que Arão fizesse para eles. Diga-lhes que você vai precisar de um pouco de ouro para fazer o que eles querem. Note como cada criança é generosa. Explique como as pessoas muitas vezes parecem dispostas a gastar muito mais em seus ídolos do que estão dispostas a oferecer a Deus.

🧩 ATIVIDADE PARA CRIANÇAS MAIS VELHAS

Diga aos alunos que formem uma fila. Peça a cada um para contar uma parte da história de Êxodo 32. Conte os fatos em ordem até que tenham compartilhado os pontos principais do começo ao fim. Diga-lhes para lembrar a parte da história que acabaram de compartilhar. Em seguida, chame-os fora de ordem, mas peça a cada um que compartilhe a mesma coisa que eles compartilharam pela primeira vez. Diga: **Você notou como as coisas não fazem sentido quando as tiramos de ordem.**

Os israelitas haviam adorado deuses egípcios por muitas gerações. Então Deus trabalhou através de Moisés para libertá-los da escravidão. Quando eles acreditaram erroneamente que Moisés os abandonou, eles voltaram para os seus velhos modos de pensar e agir em vez de confiar em Deus. Pergunte aos alunos como eles se sentiram quando você os chamou fora de ordem. Eles estavam ansiosos? Bravos? Diga: **Os israelitas se meteram em problemas**

quando deixaram o que sentiam ditar o que acreditavam e o que faziam. Em vez disso, eles precisavam permitir que o que eles sabiam ser verdade sobre Deus os guiasse em suas crenças e comportamentos.

TREINAMENTO PARA A GINCANA BÍBLICA

Veja a seção "Perguntas para a Gincana Bíblica" para as perguntas práticas do grupo vermelho e azul para esta lição.

UMA SEGUNDA CHANCE PARA FAZER A COISA CERTA
Êxodo 34:1-32

VERSÍCULO PARA MEMORIZAR

E passou diante de Moisés, proclamando: "Senhor, Senhor, Deus compassivo e misericordioso, paciente, cheio de amor e de fidelidade."

Êxodo 34:6

VERDADES SOBRE DEUS

Esta lição ensinará as seguintes verdades sobre Deus. O asterisco ***** *indica a principal verdade que você deve ensinar às crianças.*

* ***** Deus perdoou o pecado do Seu povo.

* · Deus é compassivo e gracioso.

* · Deus não deixa os culpados impunes.

FOCO DA LIÇÃO E RESUMO

Neste estudo, as crianças aprenderão que Deus é compassivo e perdoa o Seu povo.

1. Deus disse a Moisés que fizesse mais duas tábuas de pedra e voltasse a subir a montanha.

2. O Senhor desceu e proclamou o Seu nome a Moisés.

3. O Senhor renovou a Sua aliança e reescreveu os Dez Mandamentos nas tábuas de pedra.

4. O rosto de Moisés ficou radiante por estar na presença do Senhor.

CONTEXTO BÍBLICO

Deus continuou a encontrar-se com Moisés, apesar de Israel ter pecado quando eles quebraram a aliança. Moisés pediu ao Senhor que perdoasse a Israel e continuasse a conduzi-los à Terra Prometida. Moisés também expressou o desejo de conhecer o Senhor e aprender os Seus caminhos. Deus concordou em renovar a Sua aliança com Israel e mostrar a Moisés uma parte de Sua glória e bondade.

Deus revelou-se para Moisés. Este foi um evento incrivelmente poderoso. Não só Moisés experimentou a realidade da glória e da bondade de Deus, como o Senhor também explicou a ele!

Deus disse que Ele é compassivo e que se importa profundamente com as pessoas. Deus é gracioso. Ele ama abençoar o Seu povo. Deus é tardio em irar-se. Ele é paciente, compreensivo e tolerante com nossas limitações humanas, mesmo quando elas nos levam ao erro. Deus transborda amor e fidelidade. Ele é leal e dedicado ao povo da aliança.

Deus perdoa o mal, a rebelião e o pecado quando as pessoas sinceramente confessam e se arrependem. No entanto, mesmo aqueles que se arrependem ainda experimentam consequências por seu comportamento errado, para que possam aprender e mudar. Deus é perdoador, misericordioso e justo, tudo ao mesmo tempo. Êxodo 32-34 conta a história da misericórdia de Deus para com os israelitas arrependidos. Eles foram autorizados a renovar a aliança que haviam quebrado. Aqueles que se recusaram a se arrepender receberam a penalidade apropriada por sua teimosia. Esses capítulos revelam que Deus não é mesquinho ou vingativo para com os pecadores. Mas Ele não tolerará ou ignorará a rebelião.

VOCÊ SABIA?

Gênesis 2:3, Êxodo 20:8-11 e Êxodo 34:21 referem-se aos seis dias da criação e ao sétimo dia de descanso.

VOCABULÁRIO

Palavras de Fé

Gracioso significa tratar alguém com bondade, compaixão e perdão, ou compartilhar o que você tem para ajudar os outros.

Pessoas

Amoritas, cananeus, hititas, perizeus, heveus e **jebuseus** são grupos de pessoas que viviam em Canaã, a Terra Prometida que o Senhor estava dando aos israelitas.

Termos

Herança é o dinheiro, a terra ou outras posses que uma pessoa recebe se for um herdeiro.

Um **acordo** é um acordo formal entre dois ou mais países ou grupos de pessoas.

Postes sagrados eram estacas de madeira usadas na adoração de Asera, uma falsa deusa adorada pelo povo de Canaã.

A **Festa das Semanas** era uma comemoração de um dia pela colheita que acontecia sete semanas depois da Páscoa.

📖 ATIVIDADE PARA CONTAR A HISTÓRIA

Toda semana você usará os dois primeiros itens.

1. A mala de viagem da lição 1

2. O contêiner de armazenamento (saco, cesto ou caixa). Armazene os itens das lições anteriores neste contêiner toda semana.

3. Itens para a história de hoje

- Um martelo e um cinzel

- Papel e um marcador

- Papel e uma caneta

- Um par de óculos de sol

Antes da aula

- Leia Êxodo 34:1-32

- Crie uma proclamação de Êxodo 34:6 escrevendo no papel: "OUÇAM": "O SENHOR, o SENHOR, Deus compassivo e misericordioso, paciente, cheio de amor e de fidelidade."

- Reúna os itens para a história de hoje. Substitua uma imagem por qualquer item não disponível.

- Transfira todos os itens das aulas anteriores da mala de viagem para o contêiner de armazenamento. Coloque isso ao lado da área onde a história será contada.

- Coloque os itens da história de hoje dentro da mala de viagem. Coloque a mala de viagem na área onde a história será contada.

Atividade de Abertura: Siga o Líder

Diga às crianças para formarem uma fila, uma atrás da outra. Escolha uma criança para ser o líder. Diga às crianças que elas devem observar o líder e imitar tudo o que o líder fizer. O líder lidera o grupo pela sala. Ele ou ela usa gestos, sons ou caminhos diferentes para as crianças imitarem. Por exemplo, o líder anda como um bebê, com passos largos ou saltos. Termine o jogo na área onde a história será contada.

Revisão Opcional da Lição

Peça a um voluntário para selecionar um item do contêiner de armazenamento e explique o que ele representou na lição anterior.

Hora da história: leia estas instruções antes de começar.

1. Conte a história com suas próprias palavras. Remova cada item da mala enquanto você ilustra um ponto principal. Concentre-se nos pontos principais. Se você estiver confortável, inclua mais detalhes. Se necessário, use o roteiro sugerido.

2. Ao contar a história, exiba cada item na ordem em que está listado. Coloque-os onde as crianças possam ver.

3. Depois de contar a história, coloque todos os itens dentro da mala novamente.

4. Para revisar a história, remova o primeiro item. Peça a um voluntário para dizer o que ele representa. Mostre este item. Repita este processo até que a história seja recontada.

5. Revise os gestos descritos abaixo para facilitar a memorização. Demonstre este gesto toda vez que você mencionar o que ele representa.

6. Diga: **Nós continuamos em nossa expedição para explorar o livro de Êxodo. Coloquei em nossa mala de viagem ferramentas que precisaremos. Hoje nossa jornada começa com...** Pegue os itens enquanto conta a história.

Os pontos principais em ordem

1. Um Martelo e um cinzel – Diga: **Deus disse a Moisés para esculpir duas novas tábuas de pedra e subir novamente no Monte Sinai.**

2. A Proclamação – Diga: **Deus proclamou a Moisés o Seu nome e que tipo de Deus Ele É. Isso é o que ele aprendeu.** Leia a sua proclamação: **"O SENHOR, o SENHOR, Deus compassivo e misericordioso, paciente, cheio de amor e de fidelidade."** **Moisés adorou o Senhor.**

3. Papel e uma caneta – Diga: **O Senhor repetiu a aliança que tinha feito com os israelitas. Moisés anotou**

✝ LIÇÃO BÍBLICA

Dicas de aprendizado

Ao liderar o estudo bíblico, enfatize essas ideias

· Ajude as crianças a descobrirem que o Senhor se relacionou com os israelitas de uma maneira consistente com Seu caráter.

todos os mandamentos de Deus. Deus novamente escreveu os Dez Mandamentos nas tábuas de pedra.

4. Óculos de sol – Diga: **Quando Moisés voltou ao acampamento, seu rosto estava tão radiante por estar na presença de Deus que Arão e os israelitas tiveram medo de se aproximar dele.**

5. Gestos Para Facilitar a Memorização - Diga às crianças para levantar uma mão com dois dedos estendidos, representando o segundo conjunto dos Dez Mandamentos. Ou convide as crianças a pensar em outro movimento. Diga: **Enquanto eu conto a história, faça esse movimento quando você ouvir o que ele representa.**

6. Diga: **Agora é a sua vez de contar a história.** Coloque os itens dentro da mala. Peça às crianças que se revezem e escolham um item da mala, sem olhar. Peça para elas explicarem o que isso significa ou para rever o gesto para facilitar a memorização. Depois que todos os itens forem removidos, peça às crianças que os coloquem na ordem correta da história.

· Apesar do pecado dos israelitas, Deus honrou a Sua aliança e preparou o povo para entrar na Terra Prometida.

Leia as Escrituras

Leia Êxodo 34:1-32 em voz alta.

Perguntas para Discussão

Discuta a história e faça as seguintes perguntas às crianças. Lembre-se de que pode não haver uma resposta certa ou errada.

1. Leia 34:6. **Discuta alguns exemplos de como o Senhor mostrou essas características em seu relacionamento com os israelitas.**

2. **Como você acha que Moisés se sentiu quando o Senhor disse a Moisés que faria maravilhas entre os israelitas?**

3. **Moisés ficou com o Senhor 40 dias e 40 noites, a mesma quantidade de tempo da sua visita anterior. Como as pessoas reagiram diferentemente à ausência de Moisés desta vez?**

4. **Por que você acha que o rosto de Moisés estava radiante depois de falar com o Senhor?**

5. **Você acha que os israelitas mereciam uma segunda chance? Nos parecemos com os israelitas?**

Pensamentos Finais

Este é o pensamento que você quer que as crianças se lembrem.

Diga: **Deus perdoou o pecado do Seu povo.**

Os israelitas mereciam uma segunda chance? Eles cometeram um grande erro quando desobedeceram ao Senhor. Você notou a resposta do Senhor? Ele os considerou responsáveis por seus pecados e eles experimentaram as consequências de suas ações. Mas Ele também os perdoou e não os rejeitou. Eles continuaram a ser o Seu povo precioso.

Isso é bom saber. Às vezes achamos difícil obedecer, especialmente quando as pessoas ao nosso redor fazem escolhas ruins e fazem coisas que sabemos que são erradas. Este estudo bíblico nos mostra que Deus odeia o pecado. Mas se desobedecermos ao Senhor e depois nos arrependermos, Ele ainda é gracioso, amoroso e perdoador.

☑ ATIVIDADE PARA MEMORIZAR O VERSÍCULO

Veja a página "Atividades para memorizar versículos" com sugestões que ajudarão as crianças a aprenderem o versículo para memorização.

🧩 ATIVIDADES COMPLEMENTARES

Para aprender mais sobre o antigo Egito e a cultura na qual os israelitas viviam, considere estas opções.

1. Faça um cartaz para dizer visualmente como o Senhor se descreve em 34:6-7. Use referências das escrituras de todo o estudo

para apoiar os adjetivos em 34:6-7. Por exemplo, represente "compassivo" com um grande coração pintado.

2. Pesquise online por "Asera" e "Postes sagrados de Asera" para aprender mais sobre os deuses pagãos que os israelitas encontrariam em Canaã.

O melhor caminho

Você vai precisar de

· Corda de 9 metros

· Cartões de índice

· Uma caneta

· Fita adesiva

· Um pequeno sino

Escolha uma parte da sua sala de aula onde exista duas colunas um pouco altas juntas. Por exemplo, considere um batente de porta. Cruze a corda entre as colunas para criar uma teia. Escolha um lugar que não seja utilizado pelas crianças até a hora de fazer a atividade. Faça uma abertura grande o suficiente para as crianças rastejarem e também faça aberturas menores que sejam muito difíceis. Nos cartões de índice, escreva as seguintes palavras: "Não faça acordos", "Laços", "Não adore outros deuses" e "Obedeça o que eu ordeno". Cole o cartaz "Obedeça o que eu ordeno" logo acima do maior buraco e os cartazes restantes nos buracos menores.

Diga às crianças que, na lição de hoje, o Senhor preparou os israelitas para morarem na Terra Prometida. O Senhor os advertiu a fazerem certas coisas e a não fazerem outras coisas. Nosso desafio é trabalharmos juntos para rastejar através desta teia e não tocar a campainha. Diga às crianças para usarem os cartões para ajudá-las a encontrar o melhor caminho a seguir. Peça às crianças que trabalhem em equipe para passar pela teia. Se alguém tentar rastejar por um pequeno espaço, toque a campainha.

Pergunte: **Foi fácil ou difícil escolher o caminho certo? As orientações ajudaram você a escolher o caminho a seguir? Como?** Discuta as respostas das crianças. Diga,: **Hoje aprendemos que o Senhor tentou ajudar os israelitas a escolherem o caminho certo enquanto se preparavam para entrar na Terra Prometida.**

ATIVIDADE PARA CRIANÇAS MAIS VELHAS

Você vai precisar de

· Papel e Lápis

Diga: **Porque os israelitas pecaram, Deus estava muito zangado com eles. Moisés teve que orar e fazer expiação por eles.** Leia Êxodo 33:31-32 e 34:5-10. Discuta como a resposta de Deus reflete em Seu caráter. Releia os versículos 6 e 7. Diga: **Embora Deus seja rápido em perdoar, o pecado é sério e o pecado tem severas consequências. Porque o povo se arrependeu, Deus foi misericordioso com eles e renovou a aliança com eles.** Desafie os alunos a considerarem se há algo que ele ou ela esteja fazendo e que precise se arrepender. Ore com os alunos e peça a Deus discernimento, humildade e coragem.

Dê a cada aluno um cartão de índice. Peça a cada um que escreva um pensamento de devoção a Deus com base no que aprenderam nesta lição. Desafie os alunos a compartilharem os seus pensamentos com a sua família esta semana.

⊗? TREINAMENTO PARA A GINCANA BÍBLICA

Veja a seção "Perguntas para a Gincana Bíblica" para as perguntas práticas do grupo vermelho e azul para esta lição.

DEUS HABITA NO TABERNÁCULO

Êxodo 40:1-38

VERSÍCULO PARA MEMORIZAR

"Faço com vocês uma aliança', disse o Senhor. 'Diante de todo o seu povo farei maravilhas jamais realizadas na presença de nenhum outro povo do mundo. O povo no meio do qual você habita verá a obra maravilhosa que eu, o Senhor, farei."

Êxodo 34:10

VERDADES SOBRE DEUS

*Esta lição ensinará as seguintes verdades sobre Deus. O asterisco * indica a principal verdade que você deve ensinar às crianças.*

* Deus veio em glória para viver entre o Seu povo.

· Deus ajuda as pessoas a concluírem o trabalho que Ele as chama para fazer.

· Deus sempre faz o que Ele diz que fará.

FOCO DA LIÇÃO E RESUMO

Neste estudo, as crianças aprenderão que Deus veio viver entre os israelitas. Ele é fiel em cumprir as suas promessas.

1. O Senhor disse a Moisés para levantar o Tabernáculo e ungir Arão e seus filhos como sacerdotes.

2. Moisés fez tudo o que o Senhor ordenou que fizesse e terminou o seu trabalho.

3. A glória do Senhor veio e encheu o Tabernáculo.

4. Quando os israelitas viajavam, a presença de Deus ia com eles.

CONTEXTO BÍBLICO

O livro de Êxodo termina bem. Quando começa, os israelitas são escravos sem esperança em uma terra estrangeira. Quando termina, eles são o povo de Deus em uma incrível jornada para a Terra Prometida. A viagem certamente não foi sem desafios. Por causa de sua impaciência e desobediência, Deus quase eliminou todos, exceto Moisés, e jurou escolher outros para serem o Seu povo. Mas através da intercessão de Moisés e da misericórdia, perdão e graça de Deus, aqueles que se arrependeram foram poupados.

Depois de experimentar as dolorosas consequências de quebrar a aliança, o povo ficou extremamente grato quando Deus decidiu renovar a Sua aliança e permanecer com eles. Quando Moisés pediu ao povo que doasse materiais para construir o Tabernáculo, eles responderam de boa vontade e generosamente. Suas atitudes mudaram. Eles já não resmungavam e reclamavam. Na verdade, eles foram tão generosos que Moisés lhes disse que parassem de doar porque os construtores tinham mais do que precisavam! Os israelitas também mostraram sua fidelidade a aliança, fazendo o Tabernáculo exatamente como Deus havia ordenado.

Sua resposta agradou ao Senhor. Quando o Tabernáculo ficou pronto, Deus encheu-o com a Sua glória tão poderosamente que até mesmo Moisés, que se encontrou com Deus muitas vezes, não pôde entrar. Deus declarou que haveria um relacionamento entre Ele e Israel para sempre. A brecha entre eles foi fechada e uma nova vida juntos tinha começado.

VOCÊ SABIA?

Josué era o assistente pessoal de Moisés. Ele se tornaria o próximo líder israelita.

VOCABULÁRIO

Palavras de Fé

Consagrar significa separar um objeto ou uma pessoa para servir somente a Deus.

Termos

Uma **túnica** é uma peça de roupa, folgada e sem mangas.

Ungir significa colocar óleo na cabeça de uma pessoa para mostrar que Deus a escolheu para fazer algo importante para Ele. Na Bíblia, reis, sacerdotes e profetas eram ungidos.

Sagrado significa algo ou alguém que foi santificado e consagrado a Deus.

ATIVIDADE PARA CONTAR A HISTÓRIA

Toda semana você usará os dois primeiros itens.

1. A mala de viagem da lição 1

2. O contêiner de armazenamento (saco, cesto ou caixa). Armazene os itens das lições anteriores neste contêiner toda semana.

3. Itens para a história de hoje

• Uma letra "T" grande, cortada de um papel

• Azeite

• Uma pequena caixa de fósforos e arroz

• Uma toalha

- Bolas de algodão

Antes da aula

- Leia Êxodo 40

- Reúna os itens para a história de hoje. Substitua uma imagem por qualquer item não disponível.

- Prepare a letra "T".

- Transfira todos os itens das aulas anteriores da mala de viagem para o contêiner de armazenamento. Coloque isso ao lado da área onde a história será contada.

- Coloque os itens da história de hoje dentro da mala de viagem. Coloque a mala de viagem na área onde a história será contada.

Atividade de Abertura: Siga o Líder

Diga às crianças para formarem uma fila, uma atrás da outra. Escolha uma criança para ser o líder. Diga às crianças que elas devem observar o líder e imitar tudo o que o líder fizer. O líder lidera o grupo pela sala. Ele ou ela usa gestos, sons ou caminhos diferentes para as crianças imitarem. Por exemplo, o líder anda como um bebê, com passos largos ou saltos. Termine o jogo na área onde a história será contada.

Revisão Opcional da Lição

Peça a um voluntário para selecionar um item do contêiner de armazenamento e explique o que ele representou na lição anterior.

Hora da história: leia estas instruções antes de começar.

1. Conte a história com suas próprias palavras. Remova cada item da mala enquanto você ilustra um ponto principal. Concentre-se nos pontos principais. Se você estiver confortável, inclua mais detalhes. Se necessário, use o roteiro sugerido.

2. Ao contar a história, exiba cada item na ordem em que está listado. Coloque-os onde as crianças possam ver.

3. Depois de contar a história, coloque todos os itens dentro da mala novamente.

4. Para revisar a história, remova o primeiro item. Peça a um voluntário para dizer o que ele representa. Mostre este item. Repita este processo até que a história seja recontada.

5. Revise os gestos descritos abaixo para facilitar a memorização. Demonstre este gesto toda vez que você mencionar o que ele representa.

6. Diga: **Nós continuamos em nossa expedição para explorar o livro de Êxodo. Coloquei em nossa mala de viagem ferramentas que precisaremos. Hoje nossa jornada começa com...** Pegue os itens enquanto conta a história.

Os pontos principais em ordem

1. Letra "T" – Diga: **O Tabernáculo foi finalmente concluído! Tudo foi feito. Agora era hora de levantar o Tabernáculo.**

2. Azeite de oliva – Diga: **Deus disse a Moisés para ungir Arão e seus filhos para sua nova tarefa como sacerdotes. Eles usaram suas roupas sagradas pela primeira vez.**

3. Caixa de fósforos e arroz – Diga: **Moisés seguiu completamente as instruções de Deus. Depois que ele ergueu o altar do holocausto, sacrificou ofertas queimadas e ofertas de cereais perto da entrada do Tabernáculo.**

4. Toalha – Diga: **No dia de sua unção, Arão e seus filhos lavaram as mãos e os pés na bacia de bronze. Eles faziam isso toda vez que iam ao tabernáculo ou se aproximavam do altar.**

5. Bolas de algodão – Diga: **Depois que Moisés terminou a sua tarefa, uma nuvem cobriu a Tenda do Encontro, e a glória do Senhor encheu o Tabernáculo. A glória de Deus era tão grande que nem mesmo Moisés podia entrar no Tabernáculo. Daquele dia em diante, Deus viveu entre os israelitas em uma nuvem durante o dia e fogo durante a noite. A jornada da escravidão para a liberdade havia terminado. Mas a aventura deles com Deus estava apenas começando!**

6. Gestos Para Facilitar a Memorização - Diga às crianças para levantarem os braços sobre as cabeças, com as palmas voltadas para fora, e então lentamente trazê-las para os lados para indicar a glória de Deus enchendo o Tabernáculo. Diga: **Enquanto eu conto a história, faça esse movimento quando você ouvir o que ele representa.**

7. Diga: **Agora é a sua vez de contar a história.** Coloque os itens dentro da mala. Peça às crianças que se revezem e escolham um item da mala, sem olhar. Peça para elas explicarem o que isso significa ou para rever o gesto para facilitar a memorização. Depois que todos os itens forem removidos, peça às crianças que os coloquem na ordem correta da história.

✝ LIÇÃO BÍBLICA

Dicas de aprendizado

Ao liderar o estudo bíblico, enfatize essas ideias

· Explique às crianças que o Senhor viveu perto de Seu povo por meio de Sua presença no Tabernáculo. Hoje Ele está ainda mais perto através do seu Espírito Santo dentro de nós.

· Moisés completou muito do seu trabalho, mas continuou a liderar o povo de Deus. Eventualmente, seu assistente Josué se tornaria o líder dos israelitas.

· O versículo de hoje para memorizar nos leva ao próximo estudo, Estudos Bíblicos para Crianças: Josué, Juízes e Rute. Ao aprenderem sobre a conquista de Canaã, as crianças verão que Deus cumpriu a

Sua promessa de fazer maravilhas nunca vistas antes. Deus sempre cumpre as Suas promessas.

Leia as Escrituras

Leia Êxodo 40:1-38 em voz alta.

Perguntas para Discussão

Discuta a história e faça as seguintes perguntas às crianças. Lembre-se de que pode não haver uma resposta certa ou errada.

1. Moisés seguiu precisamente os mandamentos do Senhor. Por que isso foi importante?

2. Como Deus vive entre nós agora?

3. Os israelitas observavam o que a nuvem estava fazendo para que eles soubessem o que Deus queria que eles fizessem. Quão fácil ou difícil é dar atenção a Deus e seguí-Lo hoje?

4. Imagine que você fosse um israelita. Descreva como você se sentiria quando visse a nuvem da glória de Deus encher o Tabernáculo?

5. Os israelitas seguiram a Deus seguindo a nuvem. Como seguimos a Deus?

Conclusão

Este é o pensamento que você quer que as crianças se lembrem.

Diga: **Deus veio em glória para viver entre o Seu povo.**

A glória do Senhor encheu o Tabernáculo. Que jornada! No passado, os israelitas serviam no Egito como escravos. Agora o seu Deus, o Deus do universo, vivia entre eles e sempre estaria com eles. Através de muitas dificuldades, os israelitas aprenderam a confiar no Senhor completamente. Deus lhes deu liberdade, comida, água e segurança. Ele os perdoou! Eles ainda lutavam para obedecer. Mas no final de Êxodo, Deus estava vivendo entre eles em seu Tabernáculo.

Hoje Deus não está limitado a viver no Tabernáculo para viver conosco. Quando Jesus veio à terra mudou tudo. Mateus 1:22 nos diz que Jesus é chamado de Emanuel, que significa "Deus conosco". Quando pedimos a Jesus que seja o nosso Salvador, Deus vive em nós.

Pergunte às crianças: **"Alguém gostaria que Jesus fosse o seu Salvador? Se sim, é muito fácil aceitar Jesus: Admita que você tem pecados; Acredite que Jesus é o Filho de Deus que veio para nos salvar de nossos pecados; e confesse a Jesus como o Senhor da sua vida".** Se alguma criança manifestar interesse, ore com as crianças e conduza-as através desses passos em uma oração de salvação. Diga aos que responderam sim: **Se você aceitou a Jesus como o seu salvador, Deus agora está vivendo em você através de seu Espírito Santo! Não deixe de contar aos seus pais as Boas Novas!**

✓ ATIVIDADE PARA MEMORIZAR O VERSÍCULO

Veja a página "Atividades para memorizar versículos" com sugestões que ajudarão as crianças a aprenderem o versículo para memorização.

ATIVIDADES COMPLEMENTARES

Para aprender mais sobre o antigo Egito e a cultura na qual os israelitas viviam, considere estas opções.

1. Faça uma pesquisa sobre a cortina, chamada de o véu do templo no Novo Testamento. Qual foi o propósito da cortina? Com o que se parece? Quem fez a cortina? Como ela e o Tabernáculo foram transportados quando a nuvem se movia? Leia Êxodo 26:31-35, 31:1-11, 40:17-23 e Números 4:1-20.

2. O que aconteceu com o véu no exato momento em que Jesus morreu na cruz? Leia Marcos 15:37-39, Lucas 23:44-47, Hebreus 6:19-20 e 10:19-22.

3. Como a morte e ressurreição de Jesus se relacionam com o Tabernáculo? Leia Hebreus 10:1-39.

Encaixando perfeitamente

Você vai precisar de

- Um jarro de vidro transparente

- Pequenas pedras (ou bolinhas de gude)

- Arroz cru

- Copos de papel

* Leia todas as instruções antes de iniciar o projeto.

Prepare esses itens antes do início da aula. Encha quase todo o jarro com pedras. Em seguida despeje o arroz enquanto agita o jarro até que esteja completamente preenchido. Certifique-se de colocar as pedras antes do arroz. Esvazie o jarro e separe as pedras do arroz. Coloque arroz e pedras em copos de papel separados. Deixe-os de lado até precisar deles.

Para começar pergunte às crianças se elas acham que você pode colocar todo o arroz e todas as pedras no jarro? Discuta as respostas deles.

1. Despeje o arroz no jarro.

2. Coloque as pedras no jarro. Elas não vão caber.

3. Diga aos alunos que você tentará novamente. Esvazie o jarro e retorne os itens para seus copos separados.

4. Coloque as pedras no jarro primeiro.

5. Despeje o arroz no jarro. Eles caberão quando colocados nesta ordem.

Diga: **Quando eu coloco as pedras primeiro, o arroz se encaixa perfeitamente, enchendo o espaço vazio entre as pedras. Não funciona quando você coloca o arroz primeiro. Você deve manter as coisas na ordem** correta. Também devemos colocar em ordem as nossas vidas da maneira certa para experimentar a presença de Deus. Na lição de hoje, aprendemos que o Senhor intencionalmente projetou o Tabernáculo para a Sua presença entre o Seu povo. Quando os israelitas foram desobedientes, eles não tinham espaço em suas vidas para Deus. Eles estavam muito cheios de si mesmos. Mas quando eles se humilharam, confessaram os seus pecados e receberam o perdão de Deus, a Sua presença preencheu todos os espaços vazios em seus corações. A presença de Deus se encaixa perfeitamente no povo de Deus.

⊞ ATIVIDADE PARA CRIANÇAS MAIS VELHAS

Você vai precisar de

· Papel e Lápis

1. Jogue uma versão modificada do "O Mestre Mandou" (um jogo infantil em que os jogadores devem obedecer às instruções do líder se (e somente se) as instruções forem precedidas das palavras; "O mestre mandou"). Continuamente acelere o jogo. Isso eliminará aqueles que não conseguem acompanhar até que fique apenas um aluno. Dê ao último aluno uma pequena surpresa.

2. Diga: **Ver o trabalho duro sendo retribuído é ótimo, não é?** Pergunte aos alunos: **O que os israelitas realizaram com muito trabalho e seguindo atentamente as instruções? Como eles foram recompensados?** Discuta as respostas. **Os israelitas terminaram o Tabernáculo e o Senhor o encheu com a Sua glória. Quando somos fiéis a Deus, Seu amor nos enche. Essa é uma boa sensação. Estar ciente do amor de Deus dentro de nós é uma recompensa por obedecê-Lo.**

3. Compartilhe sobre uma área em sua vida na qual você gostaria de desenvolver obediência. Talvez este seja um novo hábito que você gostaria de começar.

4. Peça aos alunos que pensem sobre áreas das suas vidas que precisam desenvolver mais obediência a Deus. Dê aos alunos um lápis e papel. Peça-lhes que anotem essas metas como um lembrete durante a semana.

Ore pela classe e peça que cada um tenha a força necessária para permanecer fiel.

⊗❓ TREINAMENTO PARA A GINCANA BÍBLICA

Veja a seção "Perguntas para a Gincana Bíblica" para as perguntas práticas do grupo vermelho e azul para esta lição.

ATIVIDADES PARA MEMORIZAR VERSÍCULOS

Faltando Palavras

Você precisará de uma lousa, quadro-branco ou papel para essa atividade.

Escreva o versículo para memorização em uma lousa ou quadro-branco. Peça às crianças que citem o versículo. Escolha um voluntário para ir e apagar uma palavra. Guie as crianças enquanto elas repetem o versículo novamente (incluindo a palavra que foi apagada). Continue apagando palavras até que todas as palavras desapareçam. Se não houver um quadro-branco ou lousa, escreva cada palavra do versículo em um pedaço de papel separado e peça às crianças que removam uma palavra de cada vez.

Onda da Bíblia

Peça às crianças que se sentem em linha reta. Diga a primeira criança para ficar de pé, e dizer a primeira palavra do versículo, acenar ambas as mãos com entusiasmo no ar e sentar-se. Peça a segunda criança que fique em pé, para dizer a segunda palavra do versículo, e acenar com ambas as mãos com entusiasmo e sentar-se. Continue até que o versículo esteja completo. Se uma criança esquecer uma palavra ou dizer a palavra errada, deixe que as outras crianças digam a palavra correta. Incentive as crianças a citar o versículo rapidamente, para que os seus movimentos pareçam uma onda do mar.

Passe a Bíblia

Você precisará de uma Bíblia e música para esta atividade.

Peça às crianças que se sentem em forma de círculo. Dê a uma criança a Bíblia. Quando a música começar, diga às crianças que passem a Bíblia ao redor do círculo. Quando a música parar, a criança segurando a Bíblia diz o versículo da Bíblia. Estrategicamente pare a música para que cada criança tenha a oportunidade de dizer o verso.

Corrida do Versículo Bíblico

Antes da aula, escreva cada palavra ou frase do versículo bíblico e a referência em um pedaço de papel. Faça dois conjuntos.

Divida a turma em dois times. Mexa as folhas para que as palavras estejam fora de ordem. Coloque um conjunto de folhas de palavras no chão na frente de cada equipe. Ao seu sinal, a primeira criança de cada equipe encontrará a primeira palavra do versículo e correrá até o local especificado para montar o versículo. Ela coloca a folha no local e volta para que o segundo jogador faça a mesma coisa. A segunda criança encontra a segunda palavra do versículo e corre com ela até o local, colocando-a em ordem ao lado da primeira palavra. Continue até que uma equipe complete o versículo em perfeita ordem. Dê tempo para a segunda equipe completar o seu versículo também. Então, ambas as equipes lerão o versículo juntas.

Ordem do Versículo Bíblico

Antes da aula, escreva cada palavra ou frase de um versículo bíblico em um pedaço de papel separado.

Distribua as palavras para diferentes crianças e espalhe-as pela sala. Escolha uma criança para organizar as palavras, colocando em ordem cada criança que está segurando a palavra correta. Depois peça à classe que leia o versículo juntos.

Esconde-esconde

Antes da aula, escreva cada palavra ou frase do versículo bíblico em um pedaço de papel separado. Depois, esconda os pedaços de papel ao redor da sala antes que as crianças cheguem.

Peça às crianças que procurem os pedaços de papel e traga-os de volta para a frente. Organize as palavras em ordem e depois peça à turma que recite o versículo.

Levantando com os Versículos

Organize as crianças em um círculo e faça com que todas se sentem. Peça a uma criança que fique em pé e diga a primeira palavra do versículo e depois sente-se. A próxima criança se levanta e diz a segunda palavra e depois se senta. Continue até que as crianças completem o versículo. Jogue o jogo várias vezes, incentivando as crianças a terminarem mais rápido do que na vez anterior.

Campeão e Desafiante

Escolha duas crianças que pensam saber de cor. Coloque-as de costas na frente do grupo. Uma criança começará dizendo a primeira palavra do versículo. Então, a outra criança dirá a segunda palavra. Continue indo e voltando até que uma criança cometa um erro. A outra criança é a "campeã". Peça à classe inteira para dizer o versículo de memória. Em seguida, selecione um novo "desafiante" e repita o jogo. Logo, as duas

crianças serão capazes de completar o versículo da memória sem erro.

Desafio da Venda

Você precisará de uma venda para essa atividade.

Peça às crianças que se levantem e se organizem em um grande círculo.

Selecione uma criança para ficar no centro do círculo. Coloque uma venda nessa criança. Peça às crianças do círculo que deem as mãos e caminhem ao redor do círculo enquanto repetem a frase: "A Palavra de Deus me ajuda todos os dias" algumas vezes. Isso impedirá que a criança no meio se lembre de onde cada criança no círculo estava. Pare as crianças e peça à criança no meio para apontar para uma criança no círculo. A criança irá recitar o versículo com uma voz disfarçada (voz alta, voz estridente, voz baixa, etc.). A criança no centro então tenta adivinhar quem disse o versículo. Se a criança não conseguir adivinhar corretamente, ela apontará para outra criança que dirá o versículo. Continue até que a criança no centro adivinhe a criança correta ou a criança erre três vezes. Em seguida, escolha outra criança para ir ao centro.

Lançando o Versículo para Memorização

Você precisará de uma pequena bola para essa atividade.

Peça às crianças que fiquem de pé e arrume-as em um grande círculo.

Diga às crianças que quem pegar a bola tem que dizer a próxima palavra do versículo da memória. Jogue a bola para uma criança começar. Ele ou ela recita a primeira palavra e depois joga a bola para outra criança até que o versículo inteiro seja recitado corretamente.

Repita o jogo e incentive as crianças a completarem o versículo cada vez mais rápido.

Palavra em Ação

Antes da aula, escreva uma ação diferente em pedaços de papel ou cartões de índice separados, como "gire em círculo", "deite no chão", "bata palmas", "pise com um pé", "pule", "fique em um canto"," sussurre", e assim por diante. Peça a cada criança que escolha um dos cartões de índice e faça a atividade listada enquanto ela recita o versículo para memorização.

O Repetidor

Escreva uma ou duas palavras do versículo em um pequeno pedaço de papel. Instrua os alunos a se sentarem em círculo e distribua os papéis ao redor do círculo na ordem correta dos versículos. Prepare mais de um conjunto de cartões de memória para turmas grandes e trabalhe em grupos. O aluno com a primeira palavra do versículo diz a primeira palavra. Então o próximo aluno diz a primeira palavra e a nova palavra. O terceiro aluno diz a primeira, segunda e terceira palavras e assim por diante. Continue repetindo o versículo desde o início, adicionando uma nova palavra de cada vez. Depois de concluir o versículo, peça aos alunos que passem o cartão para a pessoa à esquerda e iniciem o jogo novamente.

Revisão da Teia de Aranha

Você precisará de um novelo de lã para essa atividade. Instrua as crianças a ficarem em círculo. Atire a bola de lã a uma criança e peça-lhe que diga a primeira palavra do versículo. A criança vai envolver o fio em volta do dedo e jogar a bola de lã para outra criança do outro lado do círculo. Esta criança dirá a segunda palavra do versículo e enrolará o fio em volta do dedo. Continue jogando e dizendo as palavras do versículo até que cada criança tenha jogado. O movimento para trás e para a frente do fio produzirá uma teia de aranha.

Estourando balões

Você precisará de balões, uma caneta permanente e fita.

Encha balões e escreva uma palavra do versículo bíblico em cada balão. Coloque os balões na parede na ordem correta. Deixe as crianças lerem o versículo juntas. Selecione uma criança para estourar um balão. Peça às crianças que citem o versículo novamente e lembre-se de dizer a palavra que falta. Selecione outra criança para estourar outro balão. Deixe as crianças citarem o versículo novamente. Continue até que todos os balões tenham sido estourados, e as crianças possam recitar o versículo para memorização.

Jogo Da Memória

Escreva cada palavra ou frase de um versículo bíblico em um prato de papel ou um pedaço de papel circular.

Distribua os pratos para as crianças e peça que desenhem um rosto feliz no lado em branco do prato (círculo). Prenda os pratos na parede para que as crianças possam ver as palavras do versículo. Leia o versículo juntos. Selecione uma criança para virar uma das placas para que o rosto feliz seja exibido. Em seguida, peça às crianças que leiam o versículo. Selecione outra criança para virar outro prato. Diga o versículo novamente. Continue até que todos os pratos mostrem rostos felizes, e as crianças possam recitar o versículo para memorização.

Desembaralhar o Versículo Bíblico

Escreva cada palavra ou frase de um versículo bíblico em um pedaço de papel.

Distribua os papéis com palavras em ordem mista. Deixe as crianças se organizarem em um círculo na ordem correta de acordo com a parte do versículo que receberam. Peça às crianças que digam o versículo juntas. Em seguida, peça a uma criança que vire o papel, para que as outras crianças não possam ver sua palavra. Peça às crianças que digam o versículo novamente. Continue dessa maneira até que todos os papéis estejam virados e nenhuma palavra seja visível.

Isso também poderia ser jogado como uma corrida entre duas ou mais equipes para ver qual delas é a primeira a se organizar com as palavras corretas do versículo.

VERSÍCULOS PARA MEMORIZAR

LIÇÃO 1

"Disse o Senhor: 'De fato tenho visto a opressão sobre o meu povo no Egito, tenho escutado o seu clamor, por causa dos seus feitores, e sei quanto eles estão sofrendo.'" Êxodo 3:7

LIÇÃO 2

"O meu escudo está nas mãos de Deus, que salva o reto de coração." Salmos 7:10

LIÇÃO 3

"Disse Deus a Moisés: 'EU SOU O QUE SOU. É isto que você dirá aos israelitas: EU SOU me enviou a vocês.'" Êxodo 3:14

LIÇÃO 4

"Os que conhecem o teu nome confiam em ti, pois tu, Senhor, jamais abandonas os que te buscam." Salmos 9:10

LIÇÃO 5

"E agora ouvi o lamento dos israelitas, a quem os egípcios mantêm escravos, e lembrei-me da minha aliança." Êxodo 6:5

LIÇÃO 6

"Do Senhor é a terra e tudo o que nela existe, o mundo e os que nele vivem." Salmos 24:1

LIÇÃO 7

"Saibam que o Senhor escolheu o piedoso; o Senhor ouvirá quando eu o invocar". Salmos 4:3

LIÇÃO 8

"Todos os caminhos do homem lhe parecem justos, mas o Senhor pesa o coração." Provérbios 21:2

LIÇÃO 9

"Senhor, a tua mão direita foi majestosa em poder. Senhor, a tua mão direita despedaçou o inimigo." Êxodo 15:6

LIÇÃO 10

"O Senhor é a minha força e a minha canção; ele é a minha salvação! Ele é o meu Deus e eu o louvarei, é o Deus de meu pai, e eu o exaltarei!" Êxodo 15:2

LIÇÃO 11

"O Senhor lutará por vocês; tão somente acalmem-se." Êxodo 14:14

LIÇÃO 12

"Quem entre os deuses é semelhante a ti, Senhor? Quem é semelhante a ti? Majestoso em santidade, terrível em feitos gloriosos, autor de maravilhas?" Êxodo 15:11

LIÇÃO 13

"Agora, se me obedecerem fielmente e guardarem a minha aliança, vocês serão o meu tesouro pessoal dentre todas as nações. Embora toda a terra seja minha, vocês serão para mim um reino de sacerdotes e uma nação santa. Essas são as palavras que você dirá aos israelitas." Êxodo 19:5-6

LIÇÃO 14

"Não terás outros deuses além de mim. Não farás para ti nenhum ídolo, nenhuma imagem de qualquer coisa no céu, na terra, ou nas águas debaixo da terra." Êxodo 20:3-4

LIÇÃO 15

"Não tomarás em vão o nome do Senhor teu Deus, pois o Senhor não deixará impune quem tomar o seu nome em vão. Lembra-te do dia de sábado, para santificá-lo." Êxodo 20:7-8

LIÇÃO 16

"Honra teu pai e tua mãe, a fim de que tenhas vida longa na terra que o Senhor, o teu Deus, te dá." Êxodo 20:12

LIÇÃO 17

"Não matarás. Não adulterarás. Não furtarás. Não darás falso testemunho contra o teu próximo." Êxodo 20:13-16

LIÇÃO 18

"Não cobiçarás a casa do teu próximo. Não cobiçarás a mulher do teu próximo, nem seus servos ou servas, nem seu boi ou jumento, nem coisa alguma que lhe pertença." Êxodo 20:17

LIÇÃO 19

"E passou diante de Moisés, proclamando: 'Senhor, Senhor, Deus compassivo e misericordioso, paciente, cheio de amor e de fidelidade.'" Êxodo 34:6

LIÇÃO 20

"'Faço com vocês uma aliança', disse o Senhor. 'Diante de todo o seu povo farei maravilhas jamais realizadas na presença de nenhum outro povo do mundo. O povo no meio do qual você habita verá a obra maravilhosa que eu, o Senhor, farei.'" Êxodo 34:10

LIÇÃO 1—PERGUNTAS PARA REVISÃO (GRUPO VERMELHO)

1. **O que aconteceu depois que José e sua geração morreram? (1:8-9)**

1. Subiu ao trono do Egito um novo rei, que nada sabia sobre José.
2. O novo rei pensou que os israelitas eram muito fortes.
3. **Ambas as respostas estão corretas.**

2. **Quantos israelitas viviam no Egito quando o novo rei subiu ao trono? (1:7)**

1. **Tantos que encheram o país.**
2. Cerca de 100
3. Nenhum, pois todos haviam morrido.

3. **O que o novo rei achava que os israelitas fariam no caso de guerra? (1:10)**

1. Eles fariam armas para o inimigo.
2. **Eles se aliariam aos inimigos do Egito e fugiriam do Egito.**
3. Eles parariam de trabalhar e se esconderiam até que a guerra acabasse.

4. **O que o rei fez para impedir que os israelistas se unissem aos seus inimigos e fugissem do Egito? (1:11)**

1. Ele os forçou a construírem cidades-celeiros para o Faraó.
2. Ele estabeleceu sobre eles chefes de trabalhos forçados.
3. **Ambas as respostas estão corretas.**

5. **O que acontecia quanto mais os israelitas eram oprimidos? (1:12)**

1. Eles lutavam contra os egípcios.
2. **Eles se tornavam mais numerosos e se espalhavam.**
3. Eles todos morriam.

6. **Que ordem o rei deu às parteiras? (1:16)**

1. Matem todos os bebês hebreus.
2. Não ajudem mulheres hebréias no parto.
3. **Matem os meninos, mas deixem as meninas viverem.**

7. **Quais eram os nomes das parteiras hebréias? (1:15)**

1. Puá e Raquel
2. **Sifrá e Puá**
3. Sifrá e Rebeca

8. **Por que as parteiras deixaram os meninos hebreus viverem? (1:17)**

1. **Elas temeram a Deus.**
2. Elas não entenderam a ordem do rei.
3. Ambas as respostas estão corretas.

9. **O que aconteceu quando as parteiras deixaram os meninos viverem? (1:20-21)**

1. Faraó deu ordem para matar as parteiras.
2. **Deus foi bondoso com as parteiras e concedeu-lhes que tivessem suas próprias famílias. O povo ia se tornando cada vez mais numeroso.**
3. Faraó impediu que as mulheres hebréias tivessem bebês.

10. **Que ordem Faraó deu a todo o seu povo? (1:22)**

1. Lancem no Nilo todo menino recém-nascido.
2. Deixem viver as meninas.
3. **Ambas as respostas estão corretas.**

LIÇÃO 1—PERGUNTAS PARA REVISÃO (GRUPO AZUL)

1. **Quem foi de Canaã para o Egito? (1:1-5)**

1. Jacó, os filhos de Israel e suas famílias.
2. Os chefes de trabalhos forçados, que estavam procurando trabalho.
3. Os mágicos do Faraó, sábios e adivinhos.
4. Jetro e suas filhas.

2. **O que mudou no Egito depois que José e toda a sua geração morreu? (1:7-10)**

1. Um novo rei subiu ao trono.
2. Os israelitas tornaram-se tão numerosos que encheram a terra.
3. O novo rei não confiava nos israelitas.
4. Todas as anteriores.

3. **O que o novo rei acreditava que os israelitas poderiam fazer? (1:10)**

1. Roubar toda a riqueza do Egito.
2. Alinhar-se com seus inimigos, lutarem contra o Egito e fugirem.
3. Matar todos os bebês egípcios meninos.
4. A Bíblia não diz.

4. **Como o Faraó lidou com os israelitas? (1:11)**

1. Ele indicou hebreus para liderarem no lugar de José.
2. Ele disse para eles voltarem para Canaã.
3. Ele estabeleceu chefes de trabalhos forçados para os oprimir.
4. Ele os ignorou.

5. **Como os chefes de trabalhos forçados trataram os hebreus? (1:11-14)**

1. Eles lhe deram pouco trabalho e bastante descanso.
2. Eles tornaram sua vida amarga com trabalho mais árduo.
3. Eles o fizeram trabalhar muito, mas lhes pagaram bem.
4. Todas as anteriores.

6. **Quais cidades os israelitas construíram para Faraó? (1:11)**

1. Tebes e Cairo
2. Pitom e Ramesés
3. Betel e Jezreel
4. Todas as anteriores.

7. **Que ordem Faraó deu às parteiras dos hebreus? (1:15-16)**

1. Matem os meninos e deixem as meninas viverem.
2. Enviem os meninos para Canaã, mas deixem as meninas no Egito.
3. Matem as meninas, mas deixem os meninos viverem.
4. Matem todos os bebês hebreus, meninos e meninas.

8. **O que Sifrá e Puá, as parteiras dos hebreus, fizeram com a ordem de Faraó de matarem os meninos? (1:17)**

1. Elas temeram a Deus.
2. Elas não fizeram o que Faraó disse.
3. Elas deixaram os meninos viverem.
4. Todas as anteriores.

9. **O que o Senhor fez por Sifrá e Puá? (1:20-21)**

1. Ele disse: "Obrigado por salvar os meninos".
2. Ele as ajudou a escaparem do Egito.
3. Ele foi bondoso com elas e concedeu-lhes que tivessem suas próprias famílias.
4. A Bíblia não diz.

10. **O que Faraó ordenou que todo o seu povo fizesse? (1:22)**

1. Alegrem-se, pois os bebês hebreus estão mortos!
2. Lancem ao Nilo todo menino hebreu, mas deixem as meninas viverem.
3. Denunciem qualquer pessoa abrigando meninos hebreus.
4. A Bíblia não diz.

LIÇÃO 2—PERGUNTAS PARA REVISÃO (GRUPO VERMELHO)

1. **O que a mulher levita fez quando ela não conseguiu mais esconder o menino? (2:3)**

1. Ela pegou um cesto feito de junco e o vedou com piche e betume.
2. Ela deixou o cesto entre os juncos, à margem do Nilo.
3. **Ambas as respostas estão corretas.**

2. **Quem ficou observando de longe para ver o que aconteceria com o menino no cesto? (2:4)**

1. **A irmã do menino.**
2. A mãe do menino.
3. O irmão do menino.

3. **O que a filha do faraó fez quando ela viu o cesto? (2:5)**

1. Ela o tirou do rio.
2. **Ela mandou sua criada apanhá-lo.**
3. Ela mandou sua criada destruí-lo.

4. **Quem a filha de Faraó pagou para amamentar o menino Moisés? (2:8-9)**

1. Uma mulher egípcia.
2. Uma de suas criadas.
3. **Sua própria mãe.**

5. **O que Moisés descobriu quando ele viu seu povo em trabalho pesado? (2:11)**

1. **Ele viu um egípcio espancar um dos hebreus.**
2. Ele viu os hebreus construindo uma pirâmide.
3. Ambas as respostas estão corretas.

6. **O que o faraó fez quando ele soube que Moisés tinha matado um egípcio? (2:15)**

1. Ele escravizou Moisés.
2. **Ele procurou matar Moisés.**
3. Ele mandou Moisés para a prisão.

7. **Para onde Moisés foi quando ele fugiu do faraó? (2:15)**

1. Gósen.
2. Canaã.
3. **Midiã.**

8. **Quem Moisés encontrou no poço de Midiã? (2:16, 18)**

1. Soldados do exército de faraó.
2. Seu irmão Arão.
3. **As sete filhas de Reuel, o sacerdote de Midiã.**

9. **O que aconteceu no poço, em Midiã? (2:16-17)**

1. **Moisés defendeu as filhas de Reuel de alguns pastores.**
2. Moisés decidiu retornar para o Egito.
3. Alguns pastores expulsaram Moisés.

10. **O que também aconteceu enquanto Moisés estava em Midiã? (2:21-22)**

1. Ele casou com Zípora.
2. Ele teve um filho chamado Gérson.
3. **Ambas as respostas estão corretas.**

PERGUNTAS PARA REVISÃO

LIÇÃO 2—PERGUNTAS PARA REVISÃO (GRUPO AZUL)

1. Por que a mãe de Moisés o escondeu por três meses? (2:2)

1. Ela estava com vergonha dele.
2. **Ela viu que ele era um menino bonito.**
3. Ela viu que ele era um menino doente.
4. Ela queria uma menina ao invés de um menino.

2. O que aconteceu depois que a mãe de Moisés o escondeu por três meses? (2:3-4)

1. Ela não poderia mais escondê-lo.
2. Ela o colocou num cesto feito de junco à margem do Nilo.
3. A irmã de Moisés ficou observando de longe.
4. **Todas as anteriores.**

3. Como a filha de Faraó reagiu quando ela abriu o cesto e viu o bebê chorando? (2:6)

1. **Ela ficou com pena dele.**
2. Ela ficou com raiva da mãe dele por tê-lo colocado no cesto.
3. Ela lamentou ter resgatado ele.
4. Ela ficou com raiva, porque ele estava chorando.

4. Quem criou Moisés? (2:7-10)

1. Uma babá egípcia no palácio do Faraó.
2. A filha de Faraó, começando no dia em que ela o encontrou.
3. **Primeiro sua mãe e, depois que ele cresceu, a filha de Faraó.**
4. Todas as anteriores.

5. Por que Moisés matou o egípcio? (2:1112)

1. Porque o egípcio começou a lutar com Moisés.
2. **Porque o egípcio estava espancando um hebreu.**
3. Porque o egípcio roubou seu dinheiro.
4. Porque o egípcio tinha matado muitos escravos hebreus.

6. O que Moisés fez com o corpo do egípcio morto? (2:12)

1. Ele o jogou no Nilo.
2. Ele o queimou.
3. **Ele o escondeu na areia.**
4. Ele não fez nada e saiu dali.

7. Por que Moisés fugiu do Egito e foi morar em Midiã? (2:15)

1. Porque Moisés descobriu que ele era realmente um midianita.
2. Porque os hebreus o expulsaram do Egito.
3. **Porque Faraó procurou matá-lo.**
4. Todas as anteriores.

8. O que aconteceu no poço de Midiã? (2:15-18)

1. Moisés sentou-se à beira de um poço.
2. As filhas de Reuel foram buscar água para o rebanho de seu pai.
3. Moisés defendeu as filhas de Reuel de alguns pastores.
4. **Todas as anteriores.**

9. O que Êxodo 2 nos diz sobre Reuel? (2:16)

1. Que ele tinha sete filhas.
2. Que ele era sacerdote de Midiã.
3. Que ele tinha um rebanho.
4. **Todas as anteriores.**

10. Que nome Moisés deu ao seu primeiro filho? (2:22)

1. Reuel, que significava: "Pastor de Deus".
2. **Gérson, dizendo: "Sou imigrante em terra estrangeira".**
3. Gérson, dizendo: "Uma nova vida começou".
4. Nenhuma das anteriores.

LIÇÃO 3—PERGUNTAS PARA REVISÃO (GRUPO VERMELHO)

1. Quem morreu enquanto Moisés estava em Midiã? (2:23)

1. Jetro, o sogro de Moisés.
2. **O rei do Egito.**
3. Ambas as respostas estão corretas.

2. O que Deus fez quando ouviu o clamor dos israelitas? (2:24-25)

1. Ele lembrou-se da aliança que fizera com Abraão, Isaque e Jacó.
2. Deus olhou para os israelitas.
3. **Ambas as respostas estão corretas.**

3. Que trabalho Moisés fazia para seu sogro, Jetro? (3:1)

1. Ele lutava contra os inimigos de Jetro.
2. **Ele pastoreava o rebanho de Jetro.**
3. Ambas as respostas estão corretas.

4. O que Deus disse para Moisés da sarça ardente? (3:5)

1. **"O lugar em que você está é terra santa".**
2. "Por que você matou o egípcio?"
3. "Você está feliz em Midiã?"

5. Por que Deus disse que teve que descer? (3:7-8)

1. Para ajudar os midianitas.
2. Para punir Moisés por ter fugido.
3. **Para livrar seu povo das mãos dos egípcios.**

6. O que Moisés disse para Deus sobre ir para o Egito? (3:11)

1. "Eu nunca voltarei para o Egito".
2. **"Quem sou eu para apresentar-me ao faraó e tirar os israelitas do Egito?"**
3. Ambas as respostas estão corretas.

7. Que sinal provaria para Moisés que Deus o havia enviado para Faraó? (3:12)

1. **Ele retornaria com o povo e adoraria a Deus naquele monte.**
2. O Nilo secaria.
3. Os midianitas ajudariam os israelitas.

8. O que Deus disse quando Moisés perguntou seu nome? (3:14)

1. "Eu sou o Senhor Todo-Poderoso".
2. **"Eu Sou o que Sou".**
3. "Eu sou o Único Verdadeiro Deus".

9. O que Deus disse que faria no Egito? (3:20)

1. Ele comandaria os midianitas para lutarem contra o egípcios.
2. **Ele estenderia a sua mão, feriria os egípcios e faria maravilhas.**
3. Ele escravizaria os egípcios.

10. O que os israelitas receberiam dos egípcios? (3:22)

1. Prata e ouro.
2. Roupas.
3. **Ambas as respostas estão corretas.**

LIÇÃO 3—PERGUNTAS PARA REVISÃO (GRUPO AZUL)

1. O que aconteceu no Egito enquanto Moisés estava em Midiã? (2:23)

1. O rei do Egito morreu.
2. Os israelitas gemiam e clamavam debaixo da escravidão.
3. O clamor dos israelitas subiu até Deus.
4. **Todas as anteriores.**

2. Para onde Moisés levou o rebanho de Jetro? (3:1)

1. **Para o monte Horebe, o monte de Deus.**
2. Para um oásis, no deserto.
3. Para o poço de água.
4. Para o Egito, como um presente para faraó.

3. Quando Moisés notou a sarça ardente, o que ele fez? (3:2-3)

1. Ele pensou: "Eu devo estar louco".
2. **Ele pensou: "Que Impressionante!", "Vou ver isso de perto".**
3. Ele levou o rebanho para uma distância segura.
4. Todas as anteriores.

4. Ao se aproximar da sarça ardente, o que Deus disse? (3:4-5)

1. "Essa sarça é perigosa. Saia rapidamente".
2. "Encontre seu irmão Arão. Eu devo falar com vocês dois".
3. **"Não se aproxime. Tire as sandálias dos pés".**
4. Todas as anteriores.

5. Que mensagem o Senhor deu a Moisés? (3:7-8)

1. Que Ele tinha visto a opressão sobre seu povo.
2. Que sabia o quanto eles estavam sofrendo.
3. Que ele havia descido para livrá-los das mãos dos egípcios.
4. **Todas as anteriores.**

6. Como Moisés respondeu a Deus quando Deus disse que estava enviando Moisés para o Egito? (3:11)

1. "Eu não posso ir. A minha família precisa de mim".
2. "Eu não quero pisar no Egito novamente".
3. **"Quem sou eu para apresentar-me ao faraó e tirar os israelitas do Egito?"**
4. Todas as anteriores.

7. Que promessa Deus fez para Moisés? (3:12)

1. "Você consegue, Moisés. Eu acredito em você".
2. **"Eu estarei com você"**
3. "Você vencerá com a ajuda de um grande exército".
4. "Se você fizer isso, você ficará famoso".

8. Como Moisés deveria responder quando os israelitas perguntassem quem o enviou? (3:1415)

1. "O Deus do universo me enviou até vocês".
2. "Jetro, o sumo sacerdote de Midiã, me enviou até vocês".
3. **"Eu Sou o que Sou. Eu Sou me enviou a vocês".**
4. "O anjo de Deus me enviou a vocês".

9. O que o Senhor faria com os egípcios? (3:20-21)

1. Ele feriria os egípcios.
2. Ele faria maravilhas entre eles.
3. Ele faria com que os egípcios tivessem boa-vontade para com o povo.
4. **Todas as anteriores.**

10. O que os israelitas teriam quando eles deixassem o Egito? (3:21-22)

1. **Eles teriam prata, ouro e roupas.**
2. Eles nunca deixariam o Egito.
3. Eles deixariam sem nada, somente com suas roupas.
4. Todas as anteriores.

PERGUNTAS PARA REVISÃO

LIÇÃO 4—PERGUNTAS PARA REVISÃO (GRUPO VERMELHO)

1. O que o Senhor disse para Moisés jogar ao chão? (4:2-3)

1. Sua capa.
2. Suas sandálias.
3. **Sua vara.**

2. Qual foi o primeiro sinal que o Senhor deu a Moisés para mostrar aos israelitas? (4:2-4)

1. A sua mão se transformou numa serpente e depois voltou ao normal.
2. **Sua vara se transformou numa serpente de depois numa vara novamente.**
3. Ele ficou cego e depois voltou a ver.

3. Qual foi o Segundo sinal que o Senhor deu a Moisés para mostrar aos israelitas? (4:6-7)

1. Sua mão caiu e depois cresceu novamente.
2. Ele ficou cego e depois voltou a ver.
3. **Sua mão ficou leprosa e depois voltou ao normal.**

4. No que Moisés disse que não tinha facilidade? (4:10)

1. **Falar.**
2. Entendimento e sabedoria.
3. Ambas as respostas estão corretas.

5. Enquanto Moisés estava falando com Deus, quem estava indo ao seu encontro? (4:14)

1. Faraó, o rei do Egito.
2. **Arão, irmão de Moisés.**
3. Gerson, filho de Moisés.

6. Como o Senhor disse que ajudaria Moisés e Arão? (4:15)

1. Estaria com eles quando falassem.
2. Lhes diria o que fazer.
3. **Ambas as respostas estão corretas.**

7. Quais foram as boas notícias que Deus deu a Moisés em Midiã? (4:19)

1. **"Já morreram todos que procuravam matá-lo".**
2. "Não se preocupe. Faraó não pode te encontrar".
3. "Todos os homens que queriam matá-lo deixaram o Egito".

8. Quem Moisés e Arão reuniram no Egito? (4:29)

1. Faraó e todos os egípcios.
2. **Todas as autoridades dos israelitas.**
3. O exército hebreu.

9. O que as autoridades dos israelitas descobriram sobre o Senhor? (4:31)

1. Que Ele decidira vir ao auxílio deles.
2. Que ele tinha visto a sua opressão.
3. **Ambas as respostas estão corretas.**

10. O que as autoridades dos israelitas fizeram depois que eles souberam que o Senhor estava preocupado com eles? (4:31)

1. **Eles curvaram-se em adoração.**
2. Eles começaram a gritar de alegria.
3. Ambas as respostas estão corretas.

LIÇÃO 4—PERGUNTAS PARA REVISÃO (GRUPO AZUL)

1. O que Moisés perguntou ao Senhor sobre ir ao Egito? (4:1)

1. "E se eu não conseguir fazer os dois sinais novamente?"
2. "E se eles não acreditarem em mim nem quiserem me ouvir?"
3. "E se faraó tentar me matar?"
4. Todas as anteriores.

2. O que aconteceu quando Moisés tirou sua mão do peito? (4:6)

1. Seu peito estava em fogo, mas não o queimou.
2. Sua vara transformou-se numa serpente.
3. O Nilo transformou-se em sangue.
4. Sua mão estava leprosa.

3. O que Moisés deveria fazer se as pessoas não acreditassem nos seus dois primeiros sinais? (4:9)

1. Mostrá-los novamente, mas de forma mais lenta dessa vez.
2. Orar para que eles entendessem e acreditassem.
3. Derramar um pouco de água do Nilo na terra seca.
4. Todas as anteriores.

4. Que desculpa Moisés usou para explicar porque ele não era capaz de fazer o que o Senhor lhe pediu? (4:10)

1. "O faraó está tentando me matar".
2. "Eu não posso abandonar a minha família. Eles precisam de mim".
3. "Ó Senhor! Nunca tive facilidade para falar. Não consigo falar bem".
4. Todas as anteriores.

5. Como o Senhor disse que ajudaria Moisés? (4:12)

1. "Eu levantarei um exército entre os israelitas".
2. "Eu começarei uma rebelião entre os egípcios e eles tirarão faraó do trono".
3. "Eu enviarei Jetro para lhe ajudar".
4. "Eu estarei com você, ensinando-lhe o que dizer".

6. O que Deus disse que Moisés usaria para fazer sinais miraculosos? (4:17)

1. O livro da Lei de Moisés.
2. A vara de Moisés.
3. As sandálias de Moisés.
4. Todas as anteriores.

7. Quais foram as boas notícias que Deus deu a Moisés em Midiã? (4:19)

1. "Os soldados midianitas podem derrotar o exército de Faraó".
2. "Já morreram todos os que procuravam matá-lo".
3. "O novo faraó o receberá de volta".
4. Todas as anteriores.

8. Como Arão sabia que deveria ir ao deserto encontrar-se com Moisés? (4:27)

1. Arão escapou do Egito e encontrou-se com ele sem querer.
2. Moisés mandou uma mensagem para ele de Midiã.
3. O Senhor mandou Arão ir.
4. Todas as anteriores.

9. O que as autoridades dos israelitas descobriram sobre Deus através de Moisés e Arão? (4:31)

1. Que o Senhor decidira vir em auxílio deles e tinha visto a sua opressão.
2. Que Deus tinha um grande exército de anjos para ajudá-los.
3. Que Deus iria derrotar Faraó com uma praga e o mataria.
4. Todas as anteriores.

10. O que o povo fez quando viu os sinais e descobriram que Deus se preocupava com eles? (4:30-31)

1. Eles foram até faraó e disseram: "Estamos indo embora".
2. Eles curvaram-se em adoração.
3. Eles formaram um exército e atacaram Faraó.
4. Todas as anteriores.

LIÇÃO 5—PERGUNTAS PARA REVISÃO (GRUPO VERMELHO)

1. Que mensagem de Deus Moisés e Arão deram a Faraó? (5:1)

1. "Obedeça a Moisés e Arão Agora!"
2. **"Deixe o meu povo ir".**
3. "Moisés e Arão vão voltar para Midiã".

2. Qual foi a resposta de faraó à mensagem do Senhor? (5:2)

1. "Eu não conheço o Senhor".
2. "Eu não deixarei Israel ir".
3. **Ambas as respostas estão corretas.**

3. O que Moisés e Arão insistiram para que Faraó os deixasse fazer? (5:3)

1. Fazer uma viagem pelas montanhas.
2. **Caminhar três dias no deserto.**
3. Fazer uma viagem de barco pelo Nilo.

4. O que Faraó disse para os feitores não darem mais ao povo? (5:7)

1. **Palha para fazer tijolos.**
2. Mais auxiliares.
3. Lugares para morar.

5. Onde os israelitas foram para ajuntar restolho em lugar da palha? (5:12)

1. Por toda Canaã.
2. **Por todo Egito.**
3. Por toda Babilônia.

6. O que os feitores esperavam que o povo fizesse? (5:13)

1. **Completassem a mesma tarefa diária.**
2. Trabalhassem tanto de dia quanto de noite.
3. Juntassem o dobro da quantia de palha por dia.

7. O que acontecia quando os capatazes não completavam a cota de tijolos? (5:14)

1. Eles eram assassinados.
2. **Eles eram espancados.**
3. Eles eram levados para a prisão.

8. Depois que os capatazes israelitas reclamaram, o que o Senhor disse a Moisés? (6:1)

1. "Agora você verá o que eu farei com faraó".
2. "Por minha mão poderosa, ele os deixará ir".
3. **Ambas as respostas estão corretas.**

9. O que o Senhor faria pelos israelitas? (6:7-8)

1. Faria deles um exército forte contra faraó.
2. **Faria deles seu povo e os faria entrar na terra que ele prometeu.**
3. Ambas as respostas estão corretas.

10. Por que os israelitas não ouviram Moisés? (6:9)

1. **Por causa da angústia e da cruel escravidão que sofriam.**
2. Porque eles estavam cansados.
3. Por que eles estavam com raiva.

LIÇÃO 5—PERGUNTAS PARA REVISÃO (GRUPO AZUL)

1. Que mensagem Deus deu a Moisés e Arão para faraó? (5:1)

1. "Deixe meu povo construir um templo em Gósen".
2. "Deixe meu povo construir sua própria cidade".
3. **"Deixe o meu povo ir para celebrar-me uma festa no deserto".**
4. "Deixe meu povo ir para a terra de Midiã".

2. Como faraó respondeu a mensagem de Moisés e Arão do Senhor sobre a festa no deserto? (5:1-2)

1. "Quem é o Senhor, para que eu lhe obedeça?"
2. "Quem é o Senhor, para que eu deixe Israel sair?"
3. "Não conheço o Senhor, e não deixarei Israel sair".
4. **Todas as anteriores.**

3. O que aconteceu depois do primeiro encontro com faraó? (5:7-8)

1. Faraó disse para os feitores ajudarem o povo a achar palha.
2. **O povo teve que ajuntar sua própria palha e fazer o mesmo número de tijolos.**
3. O povo teve que fazer mais tijolos que antes.
4. O povo teve que fazer tijolos suficientes com menos palha.

4. Onde os israelitas foram para ajuntar restolho no lugar de palha? (5:12)

1. **Por todo o Egito.**
2. Somente em Gósen.
3. No deserto.
4. Em todo o caminho até Midiã.

5. O que faraó disse aos capatazes israelitas? (5:17-18)

1. Que eles poderiam fazer menos tijolos, porque estava difícil encontrar palha.
2. Que ele lhes daria mais palha.
3. **Que eles eram preguiçosos e precisavam voltar ao trabalho.**
4. Que eles estavam fazendo tijolos ruins.

6. O que Moisés perguntou ao Senhor depois que ele se encontrou com os capatazes? (5:22)

1. "Senhor, você não disse que os libertaria?"
2. **"Senhor, por que maltrataste a este povo?"**
3. "Por que faraó não deixou o povo ir?"
4. "Senhor, posso voltar para casa em Midiã?"

7. Como o Senhor respondeu Moisés? (6:1, 7)

1. "Agora você verá o que farei ao faraó".
2. "Por minha mão poderosa, ele os deixará ir".
3. "Por minha mão poderosa, ele os expulsará do seu país".
4. **Todas as anteriores.**

8. Do que Deus se lembrou quando ele ouviu o lamento dos israelitas? (6:5)

1. De sua força e poder para fazer milagres.
2. **De sua aliança com Abraão, Isaque e Jacó.**
3. De sua raiva por faraó.
4. De seus planos para Moisés.

9. O que Moisés deveria dizer ao seu povo? (6:6, 8)

1. Que o Senhor os libertaria da escravidão.
2. Que o Senhor os resgataria com braço forte.
3. Que o Senhor os faria entrar na terra que jurou que daria a Abraão, Isaque e Jacó.
4. **Todas as anteriores.**

10. Qual foi a resposta dos israelitas para a mensagem que Moisés lhes deu do Senhor? (6:9)

1. Eles pediram um sinal de Deus.
2. Eles creram e foram encorajados.
3. **Eles estavam angustiados e não deram ouvidos.**
4. Eles queriam falar com Arão.

LIÇÃO 6—PERGUNTAS PARA REVISÃO (GRUPO VERMELHO)

1. O que Moisés deveria falar a faraó? (6:28-29)

1. Que ele não falaria mais com faraó sobre o Senhor.
2. **Tudo o que o Senhor lhe dissesse.**
3. Que ele estava deixando o Egito.

2. O que Moisés disse quando o Senhor pediu para ele falar com faraó? (6:30)

1. **"Tenho tanta dificuldade para falar! Por que o faraó me daria ouvidos?"**
2. "O faraó não quis falar comigo da primeira vez".
3. "O faraó não gosta de mim".

3. O que o Senhor disse para Moisés e Arão fazerem quando o faraó exigisse um milagre? (7:8-9)

1. Para bater a mão de Moisés, o que o faria leproso.
2. Para dizer para a água do Rio Nilo virar sangue.
3. **Para jogar a vara de Arão no chão, e ela se transformaria numa serpente.**

4. O que a vara de Arão fez com as varas dos magos? (7:12)

1. Transformou-as em pedra.
2. **Engoliu-as.**
3. Nada.

5. Como faraó ficou no final do milagre? (7:13)

1. Ele ficou impressionado e ouviu cuidadosamente.
2. **Seu coração permaneceu endurecido e ele se recusou a ouvir Moisés e Arão.**
3. Ele ficou com medo e raiva.

6. O que o Senhor disse sobre faraó? (7:14)

1. "O coração do faraó é duro".
2. "Ele continua se recusando a deixar o povo sair".
3. **Ambas as respostas estão corretas.**

7. O que aconteceria quando Deus transformasse as águas do Nilo em sangue? (7:17-18)

1. Os peixes morreriam.
2. O Nilo ficaria malcheiroso e os egípcios não poderiam beber da sua água.
3. **Ambas as respostas estão corretas.**

8. O que Arão fez diante dos olhos de faraó e de seus oficiais? (7:20)

1. Ele jogou água no Nilo.
2. **Ele levantou sua vara e bateu nas águas do Nilo.**
3. Ele escavou sozinho o Nilo.

9. Por que o coração de faraó continuou endurecido? (7:22)

1. **Porque os magos fizeram a mesma coisa com suas artes secretas.**
2. Porque os magos não conseguiam fazer a mesma coisa.
3. Porque ele estava com raiva dos magos.

10. Onde o faraó foi depois disso? (7:23)

1. Para a cidade.
2. Para o templo.
3. **Para seu palácio.**

LIÇÃO 6—PERGUNTAS PARA REVISÃO (GRUPO AZUL)

O que o Senhor disse quando Ele falou com Moisés no Egito? (6:28-29)

"Moisés, pare de dar desculpas!"

"É hora de fazer os milagres que eu te ensinei".

"Eu sou o Senhor. Transmita ao faraó, rei do Egito, tudo que eu lhe disser".

"Moisés, você pode retornar para Midiã agora".

O que Moisés perguntou ao Senhor? (6:30)

1. "Como o faraó me dará ouvidos, se não tenho facilidade para falar?"

"Como eu posso falar com o faraó, se eu não tenho uma boa educação?"

"Outra pessoa pode ir até o faraó, já que eu me sinto enfermo?"

"Por que você quer que eu vá, se eu estou ficando velho?"

O que Deus disse que Moisés e Arão seriam? (7:1)

1. Moisés seria um profeta perante o faraó, e seu irmão Arão seria seu servo.

Moisés teria a autoridade de Deus perante o faraó, e seu irmão Arão seria seu porta-voz.

Moisés seria um mágico perante o faraó, e seu irmão Arão seria seu ajudante.

Moisés seria um rei perante o faraó, e seu irmão Arão seria seu conselheiro.

O que aconteceria com o coração de faraó mesmo quando o Senhor multiplicasse seus sinais e maravilhas? (7:3)

Ele seria amolecido.

Ele seria enfraquecido.

Ele seria endurecido.

Ele morreria.

O que o faraó pediria para Moisés e Arão fazerem quando eles entregassem a mensagem do Senhor para ele? (7:9)

Ele pediria para eles falarem qual era o nome do Senhor.

Ele pediria para eles fazerem um milagre.

Ele pediria para eles dizerem exatamente onde os israelitas estavam planejando ir.

Todas as anteriores.

6. Qual foi o primeiro milagre feito por Arão? (7:9)

1. Sua vara transformou-se numa serpente.

2. Sua vara transformou-se num lagarto.

3. Sua vara transformou-se numa pedra.

4. Sua vara transformou-se em ouro.

7. O que aconteceu com as varas dos magos? (7:12)

1. Elas quebraram.

2. Elas não se transformaram em serpentes.

3. Elas se transformaram em serpentes, mas a vara de Arão as engoliu.

4. A Bíblia não diz.

8. Qual foi a primeira praga enviada pelo Senhor? (7:17)

1. Todos os homens ficariam leprosos.

2. As águas do Nilo se transformariam em sangue.

3. Uma grande tempestade de areia enterraria o Egito.

4. O rio Nilo secaria.

9. O que aconteceria quando o Nilo se transformasse em sangue? (7:18)

1. Os peixes morreriam.

2. O rio ficaria cheirando mal.

3. Os egípcios não suportariam beber de suas águas.

4. Todas as anteriores.

10. O que aconteceu depois que o Nilo transformou-se em sangue? (7:22-24)

1. Os magos do Egito fizeram a mesma coisa por meio de suas ciências ocultas.

2. Os egípcios adoeceram.

3. O faraó finalmente percebeu quão poderoso o Senhor é.

4. Todas as anteriores.

LIÇÃO 7—PERGUNTAS PARA REVISÃO (GRUPO VERMELHO)

1. Que praga veio sete dias depois que o Senhor feriu o Nilo? (7:25; 8:2)

1. **Rãs.**
2. Piolhos.
3. Moscas.

2. O que aconteceu quando os magos tentaram fazer as rãs subirem sobre a terra do Egito? (8:7)

1. Eles não conseguiram fazer as rãs subirem.
2. **Eles fizeram as rãs subirem sobre a terra.**
3. Suas rãs eram todas vermelhas.

3. Quando as rãs os deixaram e morreram? (8:12-13)

1. Sete dias depois.
2. **Depois que Moisés clamou ao Senhor.**
3. Depois que o faraó clamou ao Senhor.

4. O que aconteceu com o pó da terra quando Arão estendeu a mão com a vara e feriu o pó? (8:17)

1. Todo o pó transformou-se em lama.
2. Todo o pó transformou-se em ratos.
3. **Todo o pó transformou-se em piolhos.**

5. Quando os magos tentaram fazer surgir piolhos por meio das suas ciências ocultas, o que aconteceu? (8:18-19)

1. Milhões de piolhos apareceram.
2. **Eles não não conseguiram fazer surgir piolhos.**
3. Eles produziram sapos.

6. Onde o Senhor disse que as moscas estariam? (8:21-22)

1. **As moscas estariam no Egito, mas não em Gósen.**
2. As moscas estariam no Egito e em Gósen.
3. Ambas as respostas estão corretas.

7. O que aconteceria com o Egito por causa das moscas? (8:24)

1. O Nilo ficaria vermelho.
2. **A terra seria arruinada.**
3. A terra seria melhorada.

8. O que o faraó queria que Moisés fizesse? (8:28)

1. Que não se afastasse muito.
2. Que orasse por ele.
3. **Ambas as respostas estão corretas.**

9. O que aconteceu quando Moisés orou ao Senhor sobre as moscas? (8:30-31)

1. As moscas deixaram o faraó, mas não o seu povo.
2. **Não restou nem uma mosca depois que Moisés orou.**
3. Moisés não orou sobre as moscas.

10. O que aconteceu depois que as moscas deixaram todos? (8:32)

1. O faraó obstinou-se em seu coração.
2. O faraó não deixou que o povo saísse.
3. **Ambas as respostas estão corretas.**

LIÇÃO 7—PERGUNTAS PARA REVISÃO (GRUPO AZUL)

1. **O que aconteceu sete dias depois que o Senhor feriu o Nilo? (7:25—8:2)**

1. Moisés foi ao faraó novamente.
2. Moisés disse para faraó deixar o povo ir.
3. Moisés disse que rãs seriam enviadas para o Egito se o faraó não deixasse o povo ir.
4. **Todas as anteriores.**

2. **Como os magos responderam à praga de rãs? (8:7)**

1. Eles correram e se esconderam, porque acreditavam que as rãs eram más.
2. **Eles também fizeram subir rãs sobre as terras do Egito.**
3. Eles não conseguiram fazer rãs subirem sobre as terras do Egito.
4. Eles mataram todas as rãs.

3. **O que o faraó disse para Moisés e Arão fazerem sobre a praga de rãs? (8:8)**

1. Para pegarem todas as rãs.
2. Para matarem todas as rãs.
3. **Para orarem ao Senhor para que ele tirasse as rãs.**
4. Para transformarem suas varas em serpentes para comerem as rãs.

4. **O que aconteceu quando as rãs morreram? (8:14-15)**

1. Elas foram ajuntadas em montões.
2. A terra cheirou mal.
3. O faraó obstinou-se em seu coração.
4. **Todas as anteriores.**

5. **O que aconteceu como parte da praga de piolhos? (8:17-19)**

1. Arão jogou mãos cheias de pó da terra aos céus.
2. Os magos também produziram piolhos.
3. **Os magos não conseguiram produzir piolhos.**
4. Os piolhos infestaram os animais, mas não as pessoas.

6. **Como o faraó respondeu quando os magos não conseguiram produzir os piolhos? (8:19)**

1. Ele disse que os israelitas poderiam sacrificar a Deus no Egito.
2. **Seu coração permaneceu endurecido e ele não quis ouvi-los.**
3. Ele ouviu os magos.
4. Ele matou os magos.

7. **Como a praga de moscas foi diferente das primeiras três pragas? (8:22)**

1. O Senhor trataria diferente a terra de Gósen, onde seu povo morava.
2. Não se acharia nenhum enxame de moscas em Gósen.
3. O Senhor faria uma distinção entre seu povo e o povo de faraó.
4. **Todas as anteriores.**

8. **Como a praga de moscas afetou o Egito? (8:24)**

1. As moscas cobriram o Nilo.
2. As moscas encheram os templos do Egito.
3. **As moscas arruinaram a terra.**
4. As moscas mataram o rebanho.

9. **Como o faraó reagiu à praga de moscas? (8:28)**

1. **Ele disse que os israelitas poderiam oferecer sacrifícios ao Senhor no deserto, mas que não se afastassem muito.**
2. Ele disse que os israelitas poderiam ir para as montanhas, mas não para o deserto.
3. Ele disse que eles só poderiam fazer uma viagem de dois dias.
4. Ele disse que não tinha problema a distância que eles fossem.

10. **O que aconteceu quando Moisés orou sobre as moscas? (8:30-31)**

1. As moscas deixaram o faraó, mas não seus oficiais.
2. As moscas deixaram o faraó e seus oficiais, mas não o seu povo.
3. O faraó amoleceu seu coração e deixou o povo ir.
4. **O Senhor fez o que Moisés pediu.**

LIÇÃO 8—PERGUNTAS PARA REVISÃO (GRUPO VERMELHO)

1. **O que aconteceu durante a praga dos rebanhos? (9:4, 6)**

1. Os rebanhos do Egito morreram.
2. Os rebanhos de Israel não morreram.
3. **Ambas as respostas estão corretas.**

2. **Quando o faraó mandou verificar os rebanhos, o que ele descobriu? (9:7)**

1. **Que nenhum animal dos israelitas havia morrido.**
2. Que os rebanhos dos egípcios estavam bem.
3. Que os israelitas não tinham nenhum rebanho.

3. **Que palavra descreve o coração de faraó depois da praga dos rebanhos? (9:7)**

1. Nervoso.
2. **Obstinado.**
3. Triste.

4. **O que a cinza tirada da fornalha por Moisés se tornou? (9:9)**

1. Uma neblina sobre a terra.
2. Uma nuvem sobre a terra.
3. **Um pó fino sobre toda a terra.**

5. **O que o Senhor disse para Moisés dizer ao faraó depois da praga das feridas? (9:13-14)**

1. "Deixe meu povo ir".
2. "Mandarei desta vez todas as minhas pragas contra você, contra os seus conselheiros e contra o seu povo".
3. **Ambas as respostas estão corretas.**

6. **O que os conselheiros que temiam o Senhor fizeram quando ouviram que uma praga de granizo estava chegando? (9:19-20)**

1. Eles falaram para seus escravos continuarem trabalhando.
2. **Eles recolheram seus rebanhos e seus escravos.**
3. Eles enviaram seus escravos para o rio Nilo.

7. **Onde não caiu granizo? (9:26)**

1. **Gósen.**
2. Egito.
3. Ambas as respostas estão corretas.

8. **O que o faraó disse antes do granizo parar de cair? (9:27)**

1. "Meu magos farão esse granizo acabar".
2. **"Desta vez eu pequei. O Senhor é justo".**
3. "Eu orarei aos meus deuses para fazer esse granizo parar".

9. **O que o faraó pediu para Moisés fazer? (9:28)**

1. Acabar com os trovões.
2. **Orar ao Senhor para cessar com os trovões e o granizo.**
3. Fazer com que os israelitas parassem os trovões.

10. **Depois que os trovões, o granizo e a chuva cessaram, o que o faraó fez? (9:34-35)**

1. Ele pecou novamente.
2. Ele não deixou os israelitas irem.
3. **Ambas as respostas estão corretas.**

LIÇÃO 8—PERGUNTAS PARA REVISÃO (GRUPO AZUL)

1. Qual foi a distinção que o Senhor fez entre os rebanhos de Israel e os do Egito? (9:4, 6)

1. Ele não fez nenhuma distinção.
2. **Todos os rebanhos dos egípcios morreram, mas nenhum rebanho dos israelitas morreu.**
3. Os rebanhos dos egípcios ficaram doentes e os rebanhos dos israelitas ficaram saudáveis.
4. A Bíblia não diz.

2. Depois da praga nos rebanhos, o que a verificação de faraó constatou? (9:7)

1. Que Moisés e Arão haviam morrido.
2. Que somente parte dos rebanhos do Egito haviam morrido.
3. Que os fazendeiros israelitas venderiam para o faraó alguns rebanhos.
4. **Que nenhum dos animais dos israelitas havia morrido.**

3. O que aconteceu quando Moisés tirou cinza de uma fornalha e pôs diante do faraó? (9:10-11)

1. Feridas purulentas começaram a estourar nos homens e nos animais.
2. Nem os magos podiam manter-se diante de Moisés, porque ficaram cobertos de feridas.
3. Feridas cobriram todos os egípcios.
4. **Todas as anteriores.**

4. O que o Senhor dirigiu Moisés para dizer ao faraó depois da praga das feridas? (9:13-14)

1. "Deixe o meu povo ir a Gósen".
2. **"Se você não deixar meu povo ir, mandarei desta vez todas as minhas pragas contra você".**
3. "Deixe o meu povo adorar-me todos os dias no Egito".
4. "Deixe o meu povo ir, ou eu enviarei seus inimigos contra você".

5. O que o Senhor disse quando Ele manteve o faraó de pé? (9:16)

1. "Foi para esse propósito".
2. "Mostrar-lhe o meu poder".
3. "Que o meu nome seja proclamado em toda a terra".
4. **Todas as anteriores.**

6. Que praga o Senhor disse que enviaria depois de ter mandado a praga das feridas? (9:18)

1. **"A pior tempestade de granizo que já caiu sobre o Egito".**
2. "A pior tempestade que já caiu sobre o Egito".
3. "Uma grande nuvem de gafanhotos".
4. "Um tornado terrível".

7. Antes da tempestade, quem correu para recolher seus escravos e rebanhos? (9:20)

1. Moisés e Arão
2. **Os conselheiros do faraó que temiam o Senhor.**
3. As mulheres israelitas.
4. Todas as anteriores.

8. Onde não caiu granizo? (9:26)

1. **Gósen.**
2. Egito.
3. Midiã.
4. Canaã.

9. O que Moisés disse que faria quando o faraó pedisse para ele orar ao Senhor para parar de cair o granizo? (9:29)

1. Ele ergueria sua vara e o granizo pararia de cair.
2. Ele oraria e o Senhor enviaria uma tempestade ao mar.
3. Ele griatria aos céus e o granizo pararia de cair.
4. **Ele ergueria as mãos em oração ao Senhor. Os trovões cessariam e não cairia mais granizo.**

10. Qual foi a resposta de faraó depois da praga do granizo? (9:28, 35)

1. **Ele quebrou sua promessa e não deixou o povo ir.**
2. Ele finalmente deixou o povo ir.
3. Ele ficou mais amoroso com os israelitas.
4. Ele disse que ele era o faraó e ele não tinha que obedecer o Senhor.

LIÇÃO 9—PERGUNTAS PARA REVISÃO (GRUPO VERMELHO)

1. **Depois da praga de granizo, o que Moisés fez? (10:1)**

1. Falou com os israelitas.
2. **Foi ao faraó com uma mensagem do Senhor.**
3. Ambas as respostas estão corretas.

2. **Que praga cobriria a face da terra e devoraria o pouco que os egípcios ainda tinham? (10:4-5)**

1. **Gafanhotos.**
2. Granizo.
3. Moscas.

3. **O que os conselheiros de faraó lhe disseram depois da praga dos gafanhotos? (10:7)**

1. "Deixe os homens irem".
2. "Não percebe que o Egito está arruinado?"
3. **Ambas as respostas estão corretas.**

4. **Quando o vento oriental trouxe os gafanhotos para o Egito? (10:13)**

1. **Pela manhã.**
2. À tarde.
3. À noite.

5. **O que aconteceu por causa da praga de gafanhotos? (10:15)**

1. **Não restou nada verde em toda a terra do Egito.**
2. O faraó deixou os israelitas irem.
3. Ambas as respostas estão corretas.

6. **Por quanto tempo houve densas trevas no Egito? (10:22)**

1. Três semanas.
2. **Três dias.**
3. Três meses.

7. **Quem tinha luz durante a praga das densas trevas? (10:23)**

1. Os egípcios.
2. **Os israelitas.**
3. Ambas as respostas estão corretas.

8. **Qual seria a última praga do Senhor sobre o Egito? (11:1, 4-5)**

1. **A morte dos primogênitos.**
2. Tempestades.
3. Gafanhotos.

9. **Quando a última praga aconteceria? (11:4-5)**

1. Ao nascer do sol.
2. No meio do dia.
3. **Por volta da meia noite.**

10. **Durante a última praga, onde haveria um grande pranto? (11:6)**

1. Em Gósen.
2. **Em todo o Egito.**
3. Ambas as respostas estão corretas.

LIÇÃO 9—PERGUNTAS PARA REVISÃO (GRUPO AZUL)

1. Qual foi a mensagem do Senhor para o faraó depois da praga do granizo? (10:3-4)

1. "Até quando você se recusará a humilhar-se perante mim?"
2. "Deixe o meu povo ir".
3. "Se você não quiser deixá-lo ir, farei vir gafanhotos sobre o seu território amanhã".
4. **Todas as anteriores.**

2. Antes da praga dos gafanhotos, quem o faraó disse que poderia ir adorar o Senhor? (10:11)

1. **Somente os homens.**
2. Somente os homens e os rebanhos.
3. Somente os homens, as mulheres e as crianças.
4. Os jovens, idosos, os filhos, filhas, rebanhos e gado.

3. De qual direção viria o vento de gafanhotos para o Egito? (10:13)

1. Norte.
2. Sul.
3. **Oriente.**
4. Ocidente.

4. Como os gafanhotos afetariam o Egito? (10:5-6)

1. **Eles cobririam a terra, devorariam o pouco que ainda restava e encheriam suas casas.**
2. Eles encheriam os pratos e baldes dos egípcios e comeriam sua comida.
3. Eles cobririam seus prédios e suas camas.
4. Eles encheriam os poços e os rios.

5. O que aconteceu depois da praga de gafanhotos? (10:21-22)

1. Um vento forte levou os gafanhotos para Midiã.
2. Somente os homens tiveram permissão para partir.
3. **A praga das densas trevas veio por três dias.**
4. Todas as anteriores.

6. O que era anormal sobre as trevas? (10:21-23)

1. A escuridão poderia ser apalpada.
2. Os egípcios não poderiam ver ninguém por três dias.
3. Os israelitas tinham luz onde habitavam.
4. **Todas as anteriores.**

7. O que Moisés disse para o faraó que eles precisariam para oferecer ao Senhor? (10:26)

1. **Seus rebanhos.**
2. Um pouco de madeira.
3. Uma carga de pedras.
4. Todas as anteriores.

8. Qual foi a última praga sobre faraó e o Egito? (11:1, 5)

1. O Egito ficaria em trevas por três meses.
2. **Todo primogênito nascido no Egito e as primeiras crias de gado morreriam.**
3. Os israelitas matariam os primogênitos dos egípcios.
4. Todas as anteriores.

9. Quando a última praga começaria? (11:4)

1. Ao nascer do sol.
2. Por volta de meio-dia.
3. Ao pôr do sol.
4. **Por volta da meia-noite.**

10. O que seria ouvido em todo o Egito durante a última praga? (11:6)

1. Silêncio total.
2. Cães latindo.
3. Gargalhadas entre os israelitas.
4. **Grande pranto.**

LIÇÃO 10—PERGUNTAS PARA REVISÃO (GRUPO VERMELHO)

1. Que animal cada israelita deveria escolher para sua casa no décimo dia do mês? (12:3)

1. **Um cordeiro.**
2. Uma vaca.
3. Um cavalo.

2. Onde as pessoas deveriam passar o sangue do cordeiro? (12:7, 22)

1. No chão em frente às suas casas.
2. Nas paredes de suas casas.
3. **Nas laterais e nas vigas superiores das portas das casas.**

3. Qual era o nome da refeição que os israelitas comeriam prontos para sair? (12:11)

1. A Festa do Maná.
2. **A Páscoa do Senhor.**
3. Ambas as respostas estão corretas.

4. Quem o Senhor mataria à meia-noite da Páscoa? (12:12)

1. Todos os egípcios.
2. **Todo o primogênito dos homens e dos animais.**
3. Todos os israelitas.

5. Onde os israelitas ficaram enquanto o Senhor passava pela terra? (12:22-23)

1. **Em suas casas.**
2. Em seus campos.
3. A Bíblia não diz.

6. Por que houve um alto pranto no Egito à meia-noite? (12:29-30)

1. "O Senhor matou todos os primogênitos do Egito".
2. "Não havia casa que não houvesse um morto".
3. **Ambas as respostas estão corretas.**

7. O que o faraó disse na noite que o Senhor passou pelo Egito? (12:31-32)

1. "Vão prestar culto ao Senhor como pediram".
2. "Levem seus rebanhos, como pediram, e saiam".
3. **Ambas as respostas estão corretas.**

8. Quantas pessoas deixaram o Egito? (12:37-38)

1. 60.000 homens israelitas.
2. **Cerca de 600.000 homens, além de mulheres, crianças, estrangeiros e grandes rebanhos.**
3. 6.000 homens, mulheres e crianças.

9. Por que a massa estava sem fermento? (12:39)

1. **Eles não tiveram tempo de preparar comida.**
2. Eles gostavam desse jeito.
3. Eles não tinham fornos.

10. Por quanto tempo os israelitas viveram no Egito? (12:40)

1. 1.000 anos.
2. **430 anos.**
3. 430.000 anos.

LIÇÃO 10—PERGUNTAS PARA REVISÃO (GRUPO AZUL)

1. No décimo dia do mês, o que cada israelita deveria levar para a sua família? (12:3-5)

1. **Um cordeiro ou cabrito de um ano.**
2. Um bezerro de um ano.
3. Uma pomba ou codorna.
4. Um faisão ou uma galinha.

2. O que os israelitas deveriam fazer com o cordeiro ou o cabrito que escolheram? (12:6-8)

1. Guardar os animais como um lembrete da fidelidade de Deus.
2. **Assar e comer o animal e passar sangue nas laterais e nas vigas das portas das casas.**
3. Queimar os animais completamente no altar.
4. Levar com eles quando deixassem o Egito.

3. Como os israelitas deveriam comer a refeição da Páscoa? (12:11)

1. Com cinto no lugar.
2. Com sandálias nos pés e cajados nas mãos.
3. Prontos para sair.
4. **Todas as anteriores.**

4. O que o Senhor iria fazer quando passasse pelo Egito? (12:12)

1. Confrontar o faraó diretamente.
2. Escolher uma ovelha para cada família.
3. **Matar todos os primogênitos e executar juízo sobre todos os deuses do Egito.**
4. Todas as anteriores.

5. Por que a praga de destruição não atingiria os israelitas? (12:13)

1. O sangue seria um sinal para indicá-los.
2. O Senhor veria o sangue.
3. O Senhor passaria adiante de suas casas.
4. **Todas as anteriores.**

6. O que os israelitas deveriam fazer durante a Festa dos Pães Sem Fermento? (12:15-16)

1. Comer somente frutas e legumes.
2. **Comer pão sem fermento e não fazer nenhum trabalho, exceto o da preparação da comida.**
3. Comer a refeição que havia sido sacrificada ao Senhor.
4. Fazer uma festa em homenagem ao faraó.

7. Para que o faraó mandou chamar Moisés e Arão durante a noite? (12:31-32)

1. **Para mandá-los sair, levar seus rebanhos e abençoá-lo.**
2. Para mandar os guardas jogá-los na prisão.
3. Para dizer-lhes que nunca poderiam deixar o Egito.
4. Para mandá-los sair sem levar nada.

8. O que os israelitas deveriam pedir aos egípcios? (12:35-36)

1. Pão e água.
2. Frutas e legumes.
3. **Ouro, prata e roupas.**
4. Somente o gado.

9. O que aconteceu depois que o faraó disse que os israelitas poderiam ir? (12:37-38, 42)

1. Eles viajaram de Ramesés até Sucote.
2. Muitos estrangeiros foram com eles.
3. "O Senhor passou em vigília aquela noite para tirar do Egito os israelitas".
4. **Todas as anteriores.**

10. Quanto tempo os israelitas viveram no Egito? (12:40)

1. 500 anos.
2. **430 anos.**
3. 800 anos exatamente.
4. A Bíblia não diz.

LIÇÃO 11—PERGUNTAS PARA REVISÃO (GRUPO VERMELHO)

1. **Por que Deus não guiou os israelitas pela rota dos filisteus? (13:17)**

1. Ele não queria que eles defrontassem guerra.

2. Porque seria uma rota mais longa.

3. Ambas as respostas estão corretas.

2. **Como o Senhor guiou os israelitas? (13:21)**

1. Com uma coluna de nuvem durante o dia.

2. Com uma coluna de fogo à noite.

3. Ambas as respostas estão corretas.

3. **Por que o faraó aprontou a sua carruagem? (14:5-6)**

1. Ele queria visitar os filisteus.

2. Ele queria alcançar os israelitas.

3. Ambas as respostas estão corretas.

4. **O que os israelitas viram quando eles acamparam perto de Pi-Hairote, defronte de Baal-Zefom? (14:9-10)**

1. Os egípcios que marchavam na direção deles.

2. Os filisteus lutando com os egípcios.

3. Ambas as respostas estão corretas.

5. **O que Moisés disse que o Senhor faria pelos israelitas? (14:14)**

1. Esconderia-os do faraó.

2. Livraria-os dos filisteus.

3. Lutaria por eles.

6. **O que aconteceu com a coluna de nuvem que estava à frente dos israelitas? (14:19-20)**

1. Ela se moveu sobre o Mar Vermelho.

2. Ela se pôs atrás entre os egípcios e os israelitas.

3. Ela tornou-se a coluna que consumiu o faraó.

7. **O que o Senhor fez por toda aquela noite? (14:21)**

1. Ele levou os egípcios de volta ao Egito.

2. Ele afastou o mar com um forte vento oriental.

3. Ambas as respostas estão corretas.

8. **Como estava o mar quando os israelitas passaram por ele? (14:22)**

1. Havia uma parede de água em cada lado deles.

2. A terra estava seca.

3. Ambas as respostas estão corretas.

9. **O que os egípcios disseram quando as rodas de seus carros começaram a soltar-se? (14:25)**

1. "Vamos persegui-los a pé!"

2. "O Senhor está lutando por eles contra o Egito".

3. Ambas as respostas estão corretas.

10. **O que os israelitas viram depois que as águas voltaram? (14:30)**

1. Barcos cheios de filisteus.

2. Egípcios mortos na praia.

3. Os carros dos egípcios destroçados.

1. Por que o Senhor direcionou os israelitas para dar a volta pelo deserto seguindo o caminho que leva ao mar? (13:17, 14:2-3)

1. Ele não tinha certeza sobre qual seria a melhor direção.
2. Ele queria que o povo evitasse guerra com os filisteus e que fizesse o faraó pensar que eles estavam confusos.
3. Os israelitas precisavam de mais tempo para se prepararem.
4. Eles queriam ver a praia novamente.

2. Por que Moisés levou os ossos de José do Egito? (13:19)

1. Eles ainda não haviam enterrado seus ossos.
2. Faraó o obrigou.
3. José havia feito os filhos de Israel prestarem um juramento de levarem seus ossos do Egito.
4. Não havia covas suficientes no Egito.

3. Quem estava na coluna de nuvem e na coluna de fogo? (13:21)

1. Moisés.
2. O Senhor.
3. Um anjo do Senhor.
4. Todas as anteriores.

4. Qual foi o propósito da coluna de nuvem e de fogo? (13:21)

1. Proteger os animais.
2. Dar sombra às pessoas.
3. Guiar os israelitas e iluminá-los.
4. Todas as anteriores.

5. O que o faraó fez depois que os israelitas deixaram o Egito? (14:5-6)

1. Ele fez um acordo com os filisteus.
2. Ele mudou de ideia e foi atrás dos israelitas.
3. Ele pediu para os filisteus lhe ajudarem a alcançar os israelitas.
4. Ele nunca mais deixou o Egito.

6. Quem perseguiu e alcançou os israelitas em Pi-Hairote? (14:9)

1. Os carros de faraó.
2. Os cavalheiros de faraó.
3. A infantaria de faraó.
4. Todas as anteriores.

7. O que Moisés disse quando os israelitas avistaram os egípcios que marchavam na direção deles? (14:10, 13)

1. "Precisamos pedir ao Senhor que deixe o Egito e nos ajude".
2. "Homens! Temos que nos levantar e lutar".
3. "Fiquem firmes e vejam o livramento que o Senhor lhes trará hoje".
4. "Não se preocupem, pois pedi ao Senhor para vir do céu e nos proteger".

8. O que aconteceu quando os egípcios se aproximaram? (14:19-22)

1. A coluna de nuvem se pôs atrás, entre os egípcios e os israelitas.
2. O Senhor afastou o mar com um forte vento oriental.
3. As pessoas atravessaram pelo meio do mar em terra seca.
4. Todas as anteriores.

9. Por que os egípcios disseram: "Vamos fugir dos israelitas! O Senhor está lutando por eles contra o Egito".? (14:25)

1. Eles estavam ansiosos para chegar em casa
2. As rodas de seus carros começaram a soltar-se.
3. Seus cavalos estavam agitadíssimos.
4. Eles estavam cansados.

10. Depois que as águas voltaram onde os egípcios estavam? (14:30)

1. Mortos na praia.
2. Dormindo em suas camas.
3. Sentados em seus carros.
4. No deserto.

LIÇÃO 12—PERGUNTAS PARA REVISÃO (GRUPO VERMELHO)

1. **O que o Senhor disse que choveria sobre as pessoas? (16:4)**

1. Água.
2. Pão.
3. Ambas as respostas estão corretas.

2. **Em qual dia as pessoas recolheriam o dobro do pão? (16:5)**

1. No sexto dia.
2. No primeiro dia.
3. No sétimo dia.

3. **Moisés disse que o povo estava reclamando de quem? (16:8)**

1. De Moisés.
2. De Arão.
3. Do Senhor.

4. **O que o Senhor disse que as pessoas comeriam ao pôr-do-sol? (16:12)**

1. Pão.
2. Carne.
3. Nada.

5. **O que aconteceu quando as pessoas guardaram um pouco até a manhã seguinte? (16:20)**

1. Começou a cheirar mal.
2. Criou bicho.
3. Ambas as respostas estão corretas.

6. **O que acontecia quando o sol esquentava? (16:21)**

1. Aquilo se derretia.
2. Virava codornize.
3. Ambas as respostas estão corretas.

7. **O que as pessoas fizeram no sétimo dia? (16:27, 30)**

1. O povo descansou.
2. Alguns tentaram recolher pão, mas não havia nada.
3. Ambas as respostas estão corretas.

8. **Depois que Deus lhes deu comida, o que os israelitas pediram? (17:2)**

1. Sombra.
2. Água.
3. Ambas as respostas estão corretas.

9. **Sem água, o que os israelitas acharam que aconteceria? (17:3)**

1. Que eles morreriam de sede.
2. Que seus filhos e seus rebanhos morreriam de sede.
3. Ambas as respostas estão corretas.

10. **O que o Senhor disse que aconteceria quando Moisés batesse na rocha? (17:6)**

1. Um fogo ardente surgiria.
2. Sairia água.
3. Ambas as respostas estão corretas.

LIÇÃO 12—PERGUNTAS PARA REVISÃO (GRUPO AZUL)

1. **Por que os israelitas reclamaram a Moisés e Arão? (16:2-3)**

1. Eles acharam que estavam indo para a direção errada.
2. **Eles disseram que Moisés e Arão lhes fariam morrer de fome.**
3. Eles ouviram que os egípcios estavam vindo para levá-los de volta ao Egito.
4. Todas as anteriores.

2. **Onde os israelitas disseram que comiam à vontade? (16:3)**

1. **No Egito.**
2. Nos festivais.
3. No Mar Vermelho.
4. Todas as anteriores.

3. **O que o Senhor disse que faria quando as pessoas reclamaram que não tinham comida? (16:4)**

1. Que Ele faria crescer trigo no deserto.
2. **Que Ele faria chover pão do céu.**
3. Que Ele multiplicaria o pão que eles tinham.
4. Todas as anteriores.

4. **Quanto maná cada israelita recolheu? (16:16-18, 21)**

1. O suficiente para seus vizinhos.
2. O suficiente para a semana.
3. O suficiente para três dias.
4. **O tanto quanto precisava.**

5. **O que o Senhor disse sobre o pão que Ele estava provendo? (16:16, 19, 22)**

1. As pessoas deveriam recolher somente o tanto que precisariam para aquele dia.
2. Ninguém deveria guardar nada para a o dia seguinte, exceto no sexto dia.
3. No sexto dia deveriam recolher o dobro.
4. **Todas as anteriores.**

6. **O que aconteceu quando algumas pessoas desobedeceram Moisés e guardaram um pouco para a manhã seguinte? (16:20)**

1. **Criou bicho e começou a cheirar mal.**
2. Secou e endureceu.
3. Desapareceu.
4. Virou barro.

7. **O que o Senhor disse sobre recolher pão no sétimo dia? (16:29)**

1. "As pessoas encontrarão pão, mas não codornizes".
2. **"No sétimo dia fiquem todos onde estiverem; ninguém deve sair".**
3. "Eu mandarei serpentes para matá-los".
4. Nenhuma das anteriores.

8. **Qual foi a segunda queixa dos israelitas? (17:1-2)**

1. Eles queriam ir numa direção diferente.
2. Eles não gostaram de se mudar de lugar em lugar.
3. **Não havia água para beber.**
4. Todas as anteriores.

9. **Como o Senhor providenciou água para as pessoas com sede? (17:5-6)**

1. Ele mandou Moisés passar à frente com algumas autoridades de Israel.
2. Moisés deveria bater na rocha em Horebe.
3. Sairia água da rocha.
4. **Todas as anteriores.**

10. **Por que Moisés chamou esse lugar de Massá e Meribá? (17:7)**

1. **Porque os israelitas reclamaram e puseram o Senhor à prova.**
2. Porque os israelitas se perderam.
3. Porque os israelitas encontraram comida e água.
4. Porque os israelitas começaram a voltar para o Egito.

LIÇÃO 13—PERGUNTAS PARA REVISÃO (GRUPO VERMELHO)

1. Onde o povo acampou quando entrou no deserto do Sinai? (19:2)

1. **Diante do monte.**
2. No rio.
3. Na selva.

2. Onde Moisés foi quando eles chegaram no deserto do Sinai? (19:3)

1. Ele ficou com o povo.
2. **Ele subiu o monte para encontrar-se com Deus, que o havia chamado do monte.**
3. Ambas as respostas estão corretas.

3. Como o Senhor disse que transportou os israelitas do Egito? (19:4)

1. **Sobre asas de águias.**
2. Sobre as costas de cavalos.
3. Nos cascos de tartarugas.

4. No monte, como o Senhor queria que os israelitas agissem? (19:5)

1. Que sacrificassem um cordeiro.
2. **Que guardassem a Sua aliança e O obedecessem fielmente.**
3. Que celebrassem a morte dos egípcios.

5. O que os israelitas seriam se eles obedecessem o Senhor? (19:5-6)

1. O tesouro pessoal do Senhor.
2. Um reino de sacerdotes e uma nação santa.
3. **Ambas as respostas estão corretas.**

6. No monte, o que as pessoas disseram que fariam? (19:8)

1. **Tudo o que o Senhor dissesse.**
2. Elas não falaram nada.
3. A Bíblia não diz.

7. Como estava o monte quando o Senhor desceu? (19:16)

1. Havia trovões e raios.
2. Uma densa nuvem cobria o monte
3. **Ambas as respostas estão corretas.**

8. O que o povo fez quando ouviu a trombeta ressoar? (19:16)

1. **Eles tremeram.**
2. Eles riram.
3. Eles correram e nunca voltaram.

9. Quem Moisés deveria buscar ao descer do monte? (19:24)

1. Um homem de cada família.
2. **Arão**
3. Ambas as respostas estão corretas.

10. Que advertência o Senhor deu às pessoas? (19:24)

1. **Não ultrapassem o limite para subir ao Senhor.**
2. Confirme que somente os anciãos subam para ver o Senhor.
3. Ambas as respostas estão corretas.

LIÇÃO 13—PERGUNTAS PARA REVISÃO (GRUPO AZUL)

1. O que aconteceu quando os israelitas chegaram ao deserto do Sinai? (19:2)

1. O maná e as codornizes pararam de chegar todo dia.
2. Moisés, Arão e sua irmã subiram ao monte do Senhor.
3. **O povo acampou diante do monte.**
4. Todas as anteriores.

2. Que mensagem do Senhor, Moisés deveria entregar para os israelitas? (19:3-4)

1. "Vocês viram o que eu fiz no Egito".
2. "Eu os transportei sobre asas de águia".
3. "Eu os trouxe para junto de mim".
4. **Todas as anteriores.**

3. O que o Senhor disse que os israelistas seriam para Ele ? (19:5-6)

1. Uma Nação Santa.
2. Um Reino de Sacerdotes.
3. Um Tesouro Pessoal.
4. **Todas as anteriores.**

4. Qual foi a resposta do povo quando ouviu o que o Senhor tinha dito sobre eles? (19:8)

1. Reclamaram sobre comer maná e codornizes.
2. **Disseram que fariam tudo o que o Senhor dissesse.**
3. Que obedeceriam o Senhor se Ele os tirasse do deserto.
4. Todas as anteriores.

5. Para onde Moisés levou o povo para encontrar com Deus? (19:17)

1. Eles foram para o rio.
2. Eles ficaram em suas tendas.
3. Eles saíram no deserto.
4. **Eles ficaram ao pé do monte.**

6. O que aconteceu quando o Senhor desceu da montanha? (19:16, 18)

1. Uma trombeta ressoou fortemente.
2. O monte ficou coberto de fumaça.
3. O monte tremia violentamente.
4. **Todas as anteriores.**

7. O que Deus disse para Moisés falar às pessoas para que elas não perecessem? (19:21)

1. Para nunca comerem fermento.
2. **Para não ultrapassarem os limites para vê-lo.**
3. Para não levarem nada com eles do Egito.
4. Para não cruzarem o Mar Vermelho.

8. Que advertência o Senhor deu a Moisés? (19:23)

1. Se as pessoas chegassem muito perto, um relâmpago as atingiria.
2. Moisés deveria se banhar no rio antes de subir o monte.
3. Ninguém, incluindo Moisés, deveria subir o monte.
4. **Deveria haver limites ao redor do monte e declará-lo santo.**

9. Por que o Senhor mandou Moisés descer o monte? (19:24)

1. Para buscar sua irmã.
2. Para buscar ofertas.
3. **Para bucar Arão.**
4. Todas as anteriores.

10. O que Moisés disse quando ele desceu até o povo? (19:25)

1. **Ele disse a eles tudo o que o Senhor havia dito.**
2. Ele disse para eles serem pacientes e esperarem.
3. Ele disse para eles se aprontarem e partirem.
4. Ele disse para eles como deveriam preparar o sacrifício.

LIÇÃO 14—PERGUNTAS PARA REVISÃO (GRUPO VERMELHO)

1. **O que o Senhor fez pelos israelitas? (20:1-2)**

1. **Ele os tirou do Egito.**
2. Ele deixou que ficassem no Egito.
3. Ambas as respostas estão corretas.

2. **Quantos deuses os israelitas teriam diante do Senhor? (20:3)**

1. Um.
2. **Nenhum.**
3. Ambas as respostas estão corretas.

3. **O que os israelitas não deveriam tomar em vão? (20:7)**

1. **O nome do Senhor.**
2. O Tabernáculo.
3. Seus instrumentos sagrados.

4. **Como os israelitas deveriam lembrar do sábado? (20:8)**

1. **Santificando-o.**
2. Fazendo uma festa.
3. Jogando.

5. **Quantos dias por semana os israelitas deveriam trabalhar? (20:9)**

1. Sete dias.
2. **Seis dias.**
3. Dois dias.

6. **O que o Senhor abençoou e santificou? (20:11)**

1. **O sétimo dia.**
2. Todo dia.
3. O terceiro dia da semana.

7. **Por que os israelitas deveriam honrar seus pais e mães? (20:12)**

1. Para que eles se alimentassem de forma mais saudável.
2. **Para que tivessem vida longa na terra que Deus estava lhes dando.**
3. Para que eles não se metessem em problemas.

8. **O que Deus disse sobre matar e furtar? (20:13, 15)**

1. Ele disse que às vezes podia.
2. Ele disse que todos faziam essas coisas.
3. **Ele disse para não matar e não furtar.**

9. **Como estava o monte de Deus? (20:18)**

1. **O monte estava fumegando.**
2. O monte estava normal.
3. Ambas as respostas estão corretas.

10. **Quando Deus falou com eles, o que o povo fez? (20:18-19)**

1. Eles ficaram à distância.
2. Eles pediram que Moisés falasse com eles por Deus
3. **Ambas as respostas estão corretas.**

PERGUNTAS PARA REVISÃO

LIÇÃO 14—PERGUNTAS PARA REVISÃO (GRUPO AZUL)

1. De que terra Deus havia tirado os israelitas? (20:2)

1. Da terra dos filisteus.
2. Da terra de Jerusalém.
3. **Da terra da escravidão.**
4. Todas as anteriores.

2. Além de quem os israelitas não deveriam ter outros deusess? (20:3)

1. **Além do Senhor, seu Deus.**
2. Além de Moisés.
3. Além de Arão.
4. Além de faraó.

3. De qual forma os israelitas não poderiam fazer nenhum ídolo? (20:4)

1. De qualquer coisa no céu.
2. De qualquer coisa acima ou abaixo da terra.
3. De qualquer coisa nas águas debaixo da terra.
4. **Todas as anteriores.**

4. O que os israelitas fariam por seis dias antes do sábado? (20:9)

1. **Trabalhariam e fariam todos os seus trabalhos.**
2. Descansariam e relaxariam.
3. Comeriam e beberiam.
4. Brincariam e celebrariam.

5. Depois que Deus criou tudo em seis dias, o que Ele fez no sétimo dia? (20:11)

1. Ele escreveu leis.
2. **Ele descansou.**
3. Ele falou com Moisés.
4. Ele deu nome às plantas e animais.

6. Como os israelitas deveriam tratar seus pais e mães? (20:12)

1. Não deveriam ouví-los.
2. Às vezes deveriam ouví-los.
3. **Deveriam honrá-los**
4. Todas as anteriores.

7. O que Deus prometeu se os israelitas honrassem seus pais e mães? (20:12)

1. Eles receberiam uma bênção.
2. **Eles teriam vida longa na terra que Deus estava lhes dando.**
3. Eles viveriam para sempre.
4. Eles receberiam uma herança.

8. O que os israelitas não deveriam cobiçar? (20:17)

1. A casa do próximo.
2. A mulher do próximo.
3. O boi e o jumento do próximo.
4. **Todas as anteriores.**

9. Por que Deus veio provar os israelitas? (20:20)

1. **Para que eles estivessem livres de pecar.**
2. Para que eles não brigassem uns com os outros.
3. Para garantir que eles ouviriam.
4. Deus achou que eles não ouviriam.

10. Que temor manteria os israelitas livres do pecado? (20:20)

1. O temor de Moisés.
2. O temor de Arão.
3. **O temor de Deus.**
4. Todas as anteriores.

LIÇÃO 15—PERGUNTAS PARA REVISÃO (GRUPO VERMELHO)

1. Quem o Senhor disse que deveria subir o monte para encontrá-lo? (24:1)

1. Moisés, Arão, Nadabe e Abiú.
2. Setenta autoridades de Israel.
3. Ambas as respostas estão corretas.

2. Todos poderiam se aproximar do Senhor? (24:2)

1. Sim.
2. Não.
3. A Bíblia não diz.

3. O que o povo disse quando eles ouviram todas as palavras e ordenanças do Senhor? (24:3)

1. "Faremos tudo o que o Senhor ordenou".
2. "Não queremos obedecer o Senhor".
3. Ambas as respostas estão corretas.

4. O que Moisés enviou os jovens israelitas para fazer? (24:5)

1. Procurar água.
2. Recolher o maná daquele dia.
3. Oferecer holocaustos.

5. Quem Moisés, Arão, Nadabe, Abiú e as setenta autoridades de Israel viram quando subiram o monte? (24:9-10)

1. Ninguém.
2. O Deus de Israel.
3. Ambas as respostas estão corretas.

6. A quem as tábuas de pedra com a lei e os mandamentos deveria ser entregue? (24:12)

1. Josué.
2. Moisés.
3. Ambas as respostas estão corretas.

7. Quem era o auxiliar de Moisés? (24:13)

1. Josué.
2. Arão.
3. Nadabe.

8. Que dia o Senhor chamou Moisés do interior da nuvem? (24:16)

1. No primeiro dia.
2. No sexto dia.
3. No sétimo dia.

9. O que o topo do monte parecia para os israelitas? (24:17)

1. Um fogo consumidor.
2. Chuvoso.
3. Cheio de neve.

10. Por quanto tempo Moisés fico no monte? (24:18)

1. 7 dias e noites.
2. 40 dias e noites.
3. 4 dias e noites.

LIÇÃO 15—PERGUNTAS PARA REVISÃO (GRUPO AZUL)

1. Quem deveria subir o monte com Moisés para adorar? (24:1-2)

1. Somente as setenta autoridades de Israel.
2. **Arão, Nadabe, Abiú e as setenta autoridades de Israel.**
3. Os jovens israelitas.
4. Todas as anteriores.

2. Quem poderia se aproximar do Senhor enquanto os outros adorassem à distância? (24:1-2)

1. Arão, Nadabe e Abiú.
2. As setenta autoridades de Israel.
3. **Moisés.**
4. Todas as anteriores.

3. O que Moisés fez quando ele levantou-se na manhã seguinte depois de ter dito ao povo o que o Senhor dissera? (24:4)

1. Ele ergueu uma tenda especial.
2. Ele preparou uma grande festa.
3. **Ele construiu um altar ao pé do monte.**
4. Todas as anteriores.

4. Onde os jovens israelitas ofereceram holocaustos e novilhos como sacrifício ao Senhor? (24:4-5)

1. No meio do acampamento.
2. No monte.
3. **No altar que Moisés construiu ao pé do monte.**
4. Logo do lado de fora do acampamento no deserto.

5. Quantas vezes o povo disse que faria tudo o que o Senhor dissesse? (24:7)

1. Uma vez.
2. **Duas vezes.**
3. Três vezes.
4. Quatro vezes.

6. O que Moisés aspergiu sobre o altar e sobre o povo? (24:6, 8)

1. **Sangue.**
2. Água.
3. Maná.
4. Leite.

7. Quem leu o Livro da Aliança para o povo? (24:7)

1. Arão.
2. **Moisés.**
3. Deus.
4. As autoridades de Israel.

8. O que aconteceu com os líderes quando eles viram Deus no monte? (24:11)

1. Eles ficaram cegos.
2. **Eles comeram e beberam.**
3. Eles adormeceram.
4. Eles cantaram e oraram.

9. O que Deus daria a Moisés quando ele subisse ao monte com Josué? (24:12-13)

1. Uma nova vara.
2. A habilidade de fazer mais milagres.
3. **Tábuas de pedras com a lei e os mandamentos.**
4. Todas as anteriores.

10. O que aconteceu quando Moisés entrou na nuvem no monte? (24:14, 17-18)

1. Ele ficou por quarenta dias e noites.
2. Os israelita viram o que parecia um fogo consumidor no topo do monte.
3. As autoridades de Israel deveriam esperar por Josué e Moisés.
4. **Todas as anteriores.**

LIÇÃO 16—PERGUNTAS PARA REVISÃO (GRUPO VERMELHO)

1. **O que os israelitas deveriam trazer ao Senhor? (25:1-2)**

1. Maná.
2. Uma oferta.
3. Ambas as respostas estão corretas.

2. **Que tipo de oferta as pessoas deveriam levar? (25:3-6)**

1. Ouro e prata.
2. Peles de carneiro azeite.
3. Ambas as respostas estão corretas.

3. **Onde o Senhor planejava habitar? (25:8)**

1. No Egito.
2. No monte, longe das pessoas.
3. No meio deles.

4. **Qual era o nome do santuário que o povo deveria fazer para o Senhor? (25:89)**

1. Tabernáculo.
2. Lugar de Descanso.
3. Casa de Deus.

5. **Como Moisés e o povo saberiam como fazer o tabernáculo e as coisas que iriam dentro dele? (25:9)**

1. Moisés criaria um modelo.
2. O Senhor lhes motraria um modelo.
3. Ambas as respostas estão corretas.

6. **De que a arca deveria ser feita? (25:10)**

1. Pedra.
2. Tijolos.
3. Madeira de Acácia.

7. **Do que a arca da aliança seria coberta? (25:11)**

1. Prata.
2. Bronze.
3. Ouro.

8. **Como a arca seria carregada? (25:14)**

1. Com argolas.
2. Num carrinho.
3. Com as mãos das pessoas.

9. **Onde os querubins deveriam ser colocados na tampa da arca? (25:18)**

1. No meio.
2. Nas extremidades.
3. A Bíblia não diz.

10. **O que o povo deveria colocar dentro da arca? (25:21)**

1. As Tábuas da Aliança.
2. Os objetos do Egito como lembrete de como Deus os resgatou.
3. Ambas as respostas estão corretas.

LIÇÃO 16—PERGUNTAS PARA REVISÃO (GRUPO AZUL)

Quem deveria trazer uma oferta ao Senhor? (25:1-2)

1. As setenta autoridades de Israel.
2. **Cada um cujo coração compelisse a dar.**
3. Somente Arão e seus filhos.
4. Todos deveriam dar alguma coisa.

O que o Senhor queria que as pessoas fizessem com todas as coisas que deram? (25:8)

1. Um monumento para sempre lembrarem o que Ele tinha feito para eles no deserto.
2. Uma estátua do que as autoridades de Israel viram quando estavam na montanha.
3. **Um santuário para que Ele habitasse ali.**
4. Todas as anteriores.

Como as pessoas saberiam como o tabernáculo e seus utensílios deveriam ser? (25:9)

1. Moisés e Arão fariam um plano.
2. **O Senhor lhes motraria um modelo.**
3. As autoridades do povo o desenhariam.
4. Eles copiariam um modelo de um templo egípcio.

4. Como a arca deveria ser? (25:10-13)

1. **Deveria ser feita de madeira de acácia coberta com outro e ter argolas em seus quatro pés.**
2. Deveria ser feita de ouro puro e ter argolas na sua tampa.
3. Deveria ser de ouro e prata, madeira de acácia e não ter argolas.
4. Deveria ser de ouro com argolas de prata do lado.

Por que a arca precisava de argolas de ouro? (25:1216)

1. Velas seriam colocadas nas argolas como oferta.
2. Correntes de ouro seriam colocadas nas argolas para puxarem a arca.
3. As pessoas segurariam as argolas para carregarem a arca.
4. **Varas de madeira seriam colocadas nas argolas para carregar a arca.**

6. Onde deveriam ser colocadas as tábuas da aliança que Deus estava dando para Moisés? (25:16)

1. **Na arca.**
2. Na mesa.
3. Na caverna.
4. Na montanha.

7. O que foi colocado em cada extremidade da tampa da arca? (25:19-20)

1. Touros sagrados.
2. **Querubins com asas estendidas para cima, de frente um para o outro.**
3. Águias com suas asas dobradas.
4. Nenhuma das anteriores.

8. O que Moisés deveria colocar sobre a arca? (25:21)

1. **Uma tampa.**
2. A arca das tábuas da aliança.
3. Um jarro de maná.
4. Um pouco de ouro do Egito.

9. Como Moisés pegaria as tábuas na aliança para a arca? (25:21)

1. **Deus lhe daria.**
2. Apareceria pela manhã.
3. Arão as escreveria.
4. Ele já estava com elas.

10. Onde o Senhor encontraria com Moisés e daria seus mandamentos? (25:22)

1. **Sobre a tampa, no meio dos dois querubins.**
2. No altar onde as ofertas foram feitas.
3. No deserto.
4. Nos seus sonhos.

LIÇÃO 17—PERGUNTAS PARA REVISÃO (GRUPO VERMELHO)

1. Do que a mesa foi feita? (25:23-24)

1. Madeira simples.
2. **Madeira de acácia.**
3. Bronze.

2. O que deveria estar sempre sobre a mesa? (25:30)

1. Maná.
2. **Os pães da presença.**
3. Ambas as respostas estão corretas.

3. Do que o candelabro deveria ser feito? (25:31)

1. Bronze puro.
2. Prata pura.
3. **Ouro puro**

4. Como as pessoas deveriam fazer o tabernáculo? (26:30)

1. **De acordo com o modelo que Deus havia mostrado a Moisés no monte.**
2. De acordo com o plano que Moisés mostrou às autoridades de Israel no Egito.
3. De acordo com o plano que Jetro mostrou a Moisés em Midiã.

5. O que o véu separou? (26:33)

1. A arca das tábuas da aliança dos pães da Presença.
2. **O Lugar Santo do Lugar Santíssimo.**
3. Ambas as respostas estão corretas.

6. O que estava no Lugar Santíssimo? (26:34)

1. A arca da aliança.
2. A tampa da arca.
3. **Ambas as respostas estão corretas.**

7. Do que os utensílios do altar foram feitos? (27:3-6)

1. Prata.
2. **Bronze.**
3. Ouro.

8. Quem deveria servir a Deus como sacerdote? (28:1)

1. Arão, Nadabe e Abiú.
2. Eleazar e Itamar.
3. **Ambas as respostas estão corretas.**

9. O que os acerdotes deveriam vestir? (28:2-4)

1. **Vestes sagradas.**
2. Sandálias de ouro.
3. Ambas as respostas estão corretas.

10. Quais homens capazes deveriam fazer as vestes dos sacerdotes? (28:3)

1. Aqueles que faziam as vestes dos egípcios.
2. **Aqueles aos quais Deus havia dado habilidades.**
3. Ambas as respostas estão corretas.

LIÇÃO 17—PERGUNTAS PARA REVISÃO (GRUPO AZUL)

1. O que deveria estar sempre sobre a mesa? (25:30)

1. A tigela de azeite virgem.
2. **Os pães da Presença.**
3. A bacia de bronze.
4. O jarro de prata.

2. Qual seria a mobília do tabernáculo? (26:33-35; 27:21; 30:6)

1. Somente a arca da Aliança.
2. A arca e sua tampa.
3. A arca, a bacia e o altar do sacrifício.
4. **A arca e sua tampa, o altar de incenso, as lâmpadas e a mesa.**

3. Do que foi revestido o altar oferta queimada? (27:1-6)

1. Ouro.
2. Prata.
3. **Bronze.**
4. Todas as anteriores.

4. Do que foi rodeado o tabernáculo? (27:9-10)

1. Cortinas.
2. Colunas e bases.
3. Um pátio.
4. **Todas as anteriores.**

5. O que separava o Lugar Santo do Lugar Santíssimo? (26:31, 33)

1. A arca da Aliança.
2. **Um véu.**
3. A bacia da purificação.
4. Candelabros de ouro.

6. Quem deveria manter as lâmpadas acessas até de manhã? (27:21)

1. Moisés e Josué.
2. Os líderes das 12 tribos.
3. As autoridades de Israel.
4. **Arão e seus filhos.**

7. O que daria dignidade e honra para Arão e seus filhos? (28:2, 4)

1. Planejar a mobília do tabernáculo.
2. Fazer a mobília para o tabernáculo.
3. **Vestes sagradas feitas especialmente para eles.**
4. Manter as lâmpadas acesas.

8. Como os sacerdotes teriam suas vestes sagradas? (28:3-4)

1. O Senhor deu habilidades a mulheres capazes para fazê-las.
2. Moisés traria do Egito.
3. **O Senhor deu habilidades para homens capazes fazê-las.**
4. Deus lhes deu a Moisés no Monte Sinai.

9. Onde a bacia de bronze para se lavarem deveria ser colocada? (30:18)

1. Entre a lâmpada e a mesa.
2. **Entre a Tenda do Encontro e o altar.**
3. Entre a arca da Aliança e o véu.
4. Entre o altar das Ofertas Queimadas e a entrada.

10. Quando Arão e seus filhos deveriam se lavar com água na bacia de bronze? (30:19-21)

1. **Toda vez que entrassem na Tenda do Encontro ou se aproximassem do altar.**
2. Antes de entrarem no pátio.
3. Sempre que entrassem na Tenda da Presença.
4. Sempre que completassem seu trabalho.

LIÇÃO 18—PERGUNTAS PARA REVISÃO (GRUPO VERMELHO)

1. **Quando o povo pediu para Arão fazer deuses para eles? (32:1)**

1. Assim que Moisés subiu à montanha.
2. Assim que Moisés saiu de vista.
3. **Ao ver que Moisés demorava para descer.**

2. **O que Arão disse para os israelitas levarem para ele? (32:2)**

1. Seus cordões de prata.
2. **Seus brincos de ouro.**
3. Suas pulseiras de bronze.

3. **O que Arão edificou diante do bezerro? (32:5)**

1. **Um altar.**
2. Degraus.
3. Ambas as respostas estão corretas.

4. **O que os israelitas fizeram depois que ofereceram holocaustos e sacrifícios? (32:6)**

1. Eles se assentaram para comer e beber.
2. Eles levantaram-se para se entregar à farra.
3. **Ambas as respostas estão corretas.**

5. **Por que o Senhor disse para Moisés descer do monte? (32:7)**

1. Porque Moisés havia completado seu trabalho.
2. **Porque o povo havia se corrompido.**
3. Porque Moisés precisava descansar.

6. **O que o Senhor disse que os israelitas fizeram muito depressa? (32:8)**

1. **Desviaram-se daquilo que Ele ordenou.**
2. Obedeceram a todos os Seus mandamentos.
3. Ambas as respostas estão corretas.

7. **De quem Deus faria uma grande nação? (32:10)**

1. Arão.
2. **Moisés.**
3. Josué.

8. **Do que Moisés pediu para o Senhor se lembrar? (32:13)**

1. **Do juramento que fez a Abraão, Isaque e Israel.**
2. Dos momentos no passado em que o povo obedeceu.
3. Ambas as respostas estão corretas.

9. **Quando Moisés jogou as tábuas? (32:19)**

1. Quando ele viu o bezerro.
2. Quando ele viu as danças.
3. **Ambas as respostas estão corretas.**

10. **Quem Moisés disse para juntar-se a ele quando ele viu as pessoas fora do controle? (32:26)**

1. **Quem fosse pelo Senhor.**
2. Quem estivesse de pé.
3. Quem ainda tivesse brincos de ouro.

LIÇÃO 18—PERGUNTAS PARA REVISÃO (GRUPO AZUL)

1. O que o povo pediu para Arão fazer? (32:1)

1. Um novo altar.
2. Uma tenda maior.
3. **Deuses.**
4. Todas as anteriores.

2. Em que formato Arão fez o ídolo? (32:4)

1. No formato de uma serpente.
2. **No formato de um bezerro.**
3. No formato de pirâmides.
4. No formato do Monte Sinai.

3. Como as pessoas celebraram a festa para o bezerro? (32:6)

1. Elas levantaram-se de manhã.
2. Elas ofereceram holocaustos e sacrifícios.
3. Elas comeram, beberam, e levantaram-se para se entregar à farra.
4. **Todas as anteriores.**

4. Quem o Senhor queria destruir? (32:710)

1. Arão e seus filhos.
2. Somente os levitas.
3. **Todo o povo.**
4. Josué e Calebe.

5. Por que Moisés pediu para o Senhor lembrar de Seu juramento? (32:7-8, 13)

1. Para acalmar Sua ira.
2. Para evitar que os egípcios zombassem deles.
3. Para salvar as pessoas de um desastre.
4. **Todas as anteriores.**

6. O que eram as tábuas que Moisés tinha em suas mãos quando ele desceu do monte? (32:15-16)

1. Tábua da profecia.
2. **Tábuas da aliança.**
3. Tábuas do pacto de Abraão.
4. Tábuas de ouro.

7. O que Moisés fez com as tábuas quando ele viu o bezerro e as danças? (32:19)

1. Ele pediu para Josué segurá-las.
2. Ele as deu para Arão ler para o povo.
3. **Ele as jogou no chão.**
4. Ele as levou de volta para o monte.

8. O que Moisés fez com o bezerro de ouro? (32:20)

1. Ele o destruiu no fogo.
2. Ele o moeu até virar pó.
3. Ele espalhou-o na água e fez com que os israelitas a bebessem.
4. **Todas as anteriores.**

9. O que Moisés disse que Arão tinha feito? (32:21)

1. Trazido destruição para o povo.
2. Atrasado a entrada deles na terra prometida.
3. **Levado o povo para tão grande pecado.**
4. Ensinado às pessoas uma importante lição.

10. O que Moisés disse às pessoas que faria por eles? (32:30)

1. **Tentaria oferecer propiciação pelo pecado deles.**
2. Tentaria descobrir um caminho mais curto para Canaã.
3. Tentaria encontrar mais ouro.
4. Todas as anteriores.

LIÇÃO 19—PERGUNTAS PARA REVISÃO (GRUPO VERMELHO)

1. O que o Senhor disse para Moisés fazer? (34:1)

1. Uma nova vara para caminhar.
2. **Duas tábuas de pedra.**
3. Ambas as respostas estão corretas.

2. Para onde o Senhor mandou Moisés ir depois de fazer as tábuas? (34:2)

1. **Para o Monte Sinai.**
2. Para o Mar Vermelho.
3. Para o acampamento israelita.

3. Quem desceu e ficou com Moisés no monte? (34:5)

1. Arão.
2. Josué.
3. **O Senhor**

4. Como o Senhor se descreveu? (34:6-7)

1. Deus compassivo.
2. Deus misericordioso.
3. **Ambas as respostas estão corretas.**

5. O que Deus declarou que as pessoas veriam? (34:10)

1. As grandes maravilhas que Moisés faria.
2. **As grandes maravilhas que o Senhor faria.**
3. Ambas as respostas estão corretas.

6. O que o Senhor disse para Moisés não fazer? (34:12-14)

1. Não fazer acordo com aqueles que viviam na terra.
2. Nunca adorar nenhum outro deus.
3. **Ambas as respostas estão corretas.**

7. Quantos dias o Senhor disse que o povo deveria trabalhar? (34:21)

1. Cinco dias.
2. **Seis dias.**
3. Sete dias.

8. Quanto tempo Moisés ficou no monte? (34:28)

1. **Quarenta dias e quarenta noites.**
2. Quatro dias e quatro noites.
3. Quatorze dias e quatorze noites.

9. O que aconteceu com o rosto de Moisés por ter conversado com o Senhor? (34:29)

1. Seu rosto rejuveneceu.
2. Suas rugas desapareceram.
3. **Seu rosto resplandeceu.**

10. Como os israelitas responderam quando eles viram o rosto resplandecente de Moisés? (34:30)

1. **Eles tiveram medo de se aproximar dele.**
2. Eles riram dele.
3. Eles pediram para ele explicar o que tinha acontecido.

LIÇÃO 19—PERGUNTAS PARA REVISÃO (GRUPO AZUL)

1. O que o Senhor disse a Moisés antes de subir o Monte Sinai? (34:1-4)

1. Ore por três dias.
2. **Talhe duas tábuas de pedra.**
3. Não coma nem beba por três dias.
4. Todas as anteriores.

2. Como as pessoas deveriam lidar com o monte quando Moisés subisse para se apresentar ao Senhor? (34:3)

1. Ninguém poderia ir com Moisés.
2. Ninguém poderia ficar em nenhum lugar do monte.
3. Nem mesmo ovelhas e bois deveriam pastar diante do monte.
4. **Todas as anteriores.**

3. O que Deus falou sobre si mesmo quando encontrou Moisés na montanha? (34:6-7)

1. Que Ele é compassivo e paciente.
2. Que Ele é cheio de amor e fidelidade.
3. Que Ele não deixa de punir o pecado
4. **Todas as anteriores.**

4. O que Moisés pediu o Senhor para fazer? (34:9)

1. Começar uma nova linhagem através de Moisés.
2. **Perdoar o pecado do povo e fazer deles Sua herança.**
3. Punir o culpado com uma praga.
4. Todas as anteriores.

5. O que o Senhor disse que as pessoas veriam? (34:10)

1. Quão lindo é o trabalho que o Senhor fará por vocês.
2. Quão impressionante é o trabalho que o Senhor fará por vocês.
3. **Que obra maravilhosa o Senhor fará por vocês.**
4. Todas as anteriores.

6. O que aconteceria com os amorreus, cananeus, hititas e jebuseus? (34:11)

1. **Eles seriam expulsos pelo Senhor.**
2. Eles morreriam com uma praga.
3. Eles viveriam entre os israelitas para aprender a adorar o Senhor.
4. Todas as anteriores.

7. O que o Senhor disse que os israelitas deveriam se acautelar para não fazer com aqueles que viviam na terra? (34:12)

1. Casar com eles.
2. Falar com eles.
3. Viver perto deles.
4. **Fazer acordo com eles.**

8. O que o Senhor disse para Moisés escrever enquanto ele estava no monte? (34:27)

1. Instruções de como construir o tabernáculo.
2. **Instruções sobre a aliança que Ele fez com Moisés e Israel.**
3. Instruções para derrotar os inimigos de Israel.
4. Instruções para viajar para a Terra Prometida.

9. O que os israelitas deveriam fazer com os altares e as colunas sagradas daqueles que viviam na terra? (34:13)

1. Construir um altar sobre eles.
2. **Derrubá-los e quebrá-los.**
3. Ignorá-los.
4. Adorar a Deus neles.

10. Por que Arão e os israelitas tiveram medo de se aproximar de Moisés? (34:2930)

1. Moisés estava com raiva.
2. Moisés ficou cego.
3. **O rosto de Moisés estava resplandecente.**
4. Ele estava ficando muito perto do monte.

LIÇÃO 20—PERGUNTAS PARA REVISÃO (GRUPO VERMELHO)

1. **O que Moisés deveria fazer no primeiro dia do mês? (40:1-2)**

1. Armar o tabernáculo.
2. Armar a Tenda do Encontro.
3. Ambas as respostas estão corretas.

2. **O que Moisés deveria usar para lavar Arão e seus filhos? (40:12)**

1. Sangue.
2. Água.
3. Ambas as respostas estão corretas.

3. **Quem serviria como sacerdote? (40:13-15)**

1. Arão e seus filhos.
2. Moisés e Josué.
3. Ambas as respostas estão corretas.

4. **O que Moisés ofereceu no altar de holocaustos? (40:29)**

1. Ofertas de cereais.
2. Holocaustos.
3. Ambas as respostas estão corretas.

5. **Onde Moisés colocou a bacia de água? (40:30)**

1. Entre a Tenda do Encontro e o altar.
2. Sobre a mesa no tabernáculo.
3. Ao lado da arca da Aliança.

6. **Para que Arão e seus filhos usaram a bacia? (40:31)**

1. Para lavar as mãos e os pés.
2. Para lavar as ofertas de cereais.
3. Ambas as respostas estão corretas.

7. **Quando Arão e seus filhos usavam a bacia para se lavar? (40:32)**

1. Sempre que entravam na Tenda do Encontro.
2. Sempre que se aproximavam do altar.
3. Ambas as respostas estão corretas.

8. **Onde Moisés armou o pátio? (40:33)**

1. No meio do tabernáculo.
2. Ao redor do tabernáculo.
3. Entre o tabernáculo e o altar.

9. **O que enchia o tabernáculo? (40:34)**

1. A glória do Senhor.
2. Um fogo feroz.
3. Sons de trombetas.

10. **O que ficava à vista de toda a nação de Israel, em todas as suas viagens? (40:38)**

1. O espírito de Moisés.
2. A nuvem do Senhor.
3. Ambas as respostas estão corretas.

LIÇÃO 20—PERGUNTAS PARA REVISÃO (GRUPO AZUL)

1. Quem deveria armar o tabernáculo? (40:1-2)

1. Arão.
2. Moisés.
3. Os israelitas.
4. Os filhos de Arão.

2. Onde Arão e seus filhos deveriam se lavar? (40:12)

1. Na entrada na Tenda do Encontro.
2. Dentro da Tenda do Encontro.
3. Dentro do pátio.
4. Fora do patio.

3. O que foi exigido de Arão antes dele poder servir a Deus como sacerdote? (40:13)

1. Ele tinha que se apresentar a Moisés.
2. Ele tinha que subir o Monte Sinai.
3. Ele tinha que se vestir com as vestes sagradas, ser ungido e consagrado.
4. Ele tinha que ser batizado.

4. Como os filhos de Arão deveriam ser preparados para a unção? (40:12, 14-15)

1. Eles deveriam se lavar.
2. Eles deveriam vestir-se com túnicas.
3. Eles deveriam ser levados para a Tenda do Encontro.
4. Todas as anteriores.

5. Para que Arão e seus filhos foram ungidos? (40:15)

1. Para participarem de um clube secreto.
2. Para serem melhores amigos para sempre.
3. Para um sacerdócio perpétuo, geração após geração.
4. Para nunca mais terem tarefas não prazerosas novamente.

6. Como Moisés ofereceu holocaustos e ofertas de cereais? (40:29)

1. Da mesma maneira que era feito em Midiã.
2. Com muitas canções e danças especiais.
3. Como o Senhor tinha ordenado.
4. Com um coração atribulado.

7. O que Moisés colocou na bacia da Tenda do Encontro? (40:30)

1. Água para beber.
2. Sangue dos sacrifícios.
3. O pão da Presença.
4. Água para lavar.

8. Por que Moisés não podia entrar na Tenda do Encontro? (40:35)

1. Porque a glória do Senhor o enchia.
2. Porque ele não tinha sacrifício animal.
3. Porque Deus estava com raiva dele.
4. Todas as anteriores.

9. O que ficava sobre o tabernáculo? (40:38)

1. Uma cobertura.
2. Uma nuvem e fogo.
3. Uma tempestade.
4. Todas as anteriores.

10. O que ficava à vista de toda a nação de Israel em todas as suas viagens? (40:38)

1. O monte de Deus.
2. O mar vermelho.
3. A nuvem do Senhor.
4. A estrela de Davi.